隐入山林

吕峥
著

团结出版社
UNITY PRESS

© 团结出版社，2024 年

图书在版编目（CIP）数据

隐入山林 / 吕峥著 . -- 北京：团结出版社，2025.1.
-- ISBN 978-7-5234-1277-0

Ⅰ . B2

中国国家版本馆 CIP 数据核字第 2024QX3626 号

责任编辑：郭　强
封面设计：东合社 · 安宁

出　版：团结出版社
　　　　（北京市东城区东皇城根南街 84 号　邮编：100006）
电　话：（010）65228880　65244790（出版社）
　　　　（010）65238766　85113874　65133603（发行部）
　　　　（010）65133603（邮购）
网　址：http://www.tjpress.com
E-mail：zb65244790@vip.163.com
　　　　tjcbsfxb@163.com（发行部邮购）
经　销：全国新华书店
印　装：天津盛辉印刷有限公司

开　本：147mm×210mm　32 开
印　张：8.75　　　　　　　字　数：122 千字
版　次：2025 年 1 月 第 1 版　　印　次：2025 年 1 月 第 1 次印刷

书　号：978-7-5234-1277-0
定　价：49.00 元

序言：把时间还给自己

1934 年，诺贝尔经济学奖得主、行为经济学之父丹尼尔·卡尼曼出生于以色列第二大城市特拉维夫的一个犹太家庭。

二战期间，小卡尼曼住在被德军占领的巴黎。一天晚上，他回家晚了，独自走在路上，提心吊胆。

彼时，德军对巴黎实施宵禁，普通人尚且被禁止外出，何况卡尼曼这样的犹太人？

结果，怕什么来什么——他撞见了一个德国士兵，还是穿黑色制服的（纳粹党卫军）。

卡尼曼瑟瑟发抖，以为命不久矣，然而士兵却并未动怒，反而热情地与他聊天，还抱了抱他。

就在卡尼曼一头雾水时，只见士兵掏出一张照片，上面是个同自己年纪相仿的男孩。虽听不懂德语，但从其友善的神情里他大概猜到了对方在讲什么。

回忆这段经历时，卡尼曼说：回家的路上，我更加坚定地认为我母亲的话是对的——人之复杂和有趣，远远超出你的想象。

卡尼曼之所以致力于研究人的行为，同这件往事密不可分。

1979年，时任普林斯顿大学心理学教授的卡尼曼与搭档一起提出"前景理论"，认为人在作决策时，哪怕是重大决定，依据的也只是最先进入直觉的那一小部分情报，而非我们以为的会参考各种信息，反复计算比较。

比如，含75%瘦肉的猪肉较含25%肥肉的猪肉好卖。其实二者一模一样，只不过前者听上去似乎更健康。

再比如，足球队在被批评之后踢得更好了，有人便说这是"知耻而后勇"。然而，若挨批后踢得更差了，是不是也可解释为"被骂令队员心理压力增大，发挥失常"？

事实上，足球比赛的随机性很强，用已知的经验去推论未知的结果并不可靠，但人类总是习惯这么做。

经济学家一直假设人是理性的，可卡尼曼却说：人有时理性，有时感性。主导人决策的，更多的时候还是感性。

换言之，世界就是个草台班子，每个人都在思维偏差的影响下做自以为是的决定，直到像电影《奇爱博士》描述的那样，把地球推到毁灭的边缘。

大部分人都活在由思维构筑的"假我"之中，以至于"你认为的你"同"别人眼中的你"常不吻合，甚至相差万里。

俗话说，人生除肉体的苦痛外，一切痛苦都是想象出来的。换句话说，人类受苦的根源在于我们无法控制自己的思维，反倒沦为其奴隶。

思维悔恨着你的过去，忧虑着你的未来。是它，而不是外部世界引发了我们的痛苦。它创造了一系列的概念、好恶，阻挡在你和自己之间，你和他人之间，你和万物之间。

思维是排他的，很多人缺乏创造性不是因为他不懂得如何思维，而是不懂得如何停止思维。

人们在思维的折磨下度过一生，任由它耗尽能量，还自以为"思考"这件事操之在我，殊不知大脑里的声音早就有了它自己的生命，潜移默化地操纵着你。最简单的例子就是失眠时你已精疲力竭，一段魔性音乐却止不住地在颅内循环，挥之不去。

精神病的一个显著特征是喋喋不休，喃喃自语。其实所有人都一样，只不过正常人不会把脑海中的推测和批判像疯子一样说出来。

思维是一种上瘾症，像马达一样转个不停，寻找刺激，断不许大脑放空。之所以如此，皆因人要靠思维来确证自我，只可惜这个自我是假我，最大的特点是只关注过去和未来。

假我需要不断被喂养，去外界寻找身份认同，比如财产、社会地位和人际关系。问题是这些都不能构成真正的你，因为它不稳定，一直在变。当死亡来临时，人才会明白那些不能真正代表他的东西都会被收走，都与"我到底是谁"这一终极命题无关。如果这时还沉湎于假我，不愿撒手，就将体验到无与伦比的痛苦。反观智者，会在死亡来临前主动"先死一步"，放下恐惧，跳出假我。

外物不常在，难以给人持久的快乐，还令人坠入"消费异化"的陷阱。

曾几何时，我们买东西是为了其使用价值，而在"消费异化"的时代，快乐仅仅来自购买的行为。于是，一些人像仓鼠一样不停地买包买鞋，直到家里多得堆不下，被迫捐给贫困地区时，才发现很多包和鞋甚至没有拆封。

弗洛姆说："自 19 世纪起，就出现了满足于占有而不是使用的怪诞情况。"

其实也不奇怪，只要供给大于需求，《丰裕社会》里描述的现象"生产不再是为了满足需求，它必须在广告和销售员的帮助下创造需求"自会出现。

问题是物质需求你再怎么创造，人每天也不可能吃五顿饭。因此，"消费异化"的精髓在于消费符号，即消费者买的不是商品，而是进入某个阶层的门票。

最终，人们以为自己对品牌的选择能表达自我，彰显身份，获得极大的情绪价值，以至于月薪 3500 块的小姑娘哪怕吃半年方便面也要攒钱买个 LV 包，殊不知人生的一切烦恼都源自妄念。

妄念者，必须依靠他人才能实现的愿望，永不餍足。这种负面心态是地球上所有污染的源头，包括雾霾。

自然界没有不开心的花和有压力的树，也没有抑郁的海豚与充满仇恨的鸟。人类踪迹到达不了的地方，花开花落，云卷云舒，何等平静安逸，即使偶有两只鸭子起了争斗，往往也只会持续很短的时间便迅速分开，朝相反的方向游去，并用力扇动翅膀，释放打斗时积蓄的多余能量，然后像什么也没发生过一样，悠然水上。

如果是两个人打架，那思维就活跃了，甚至有记恨多年再去寻仇的。

波伏娃有言："女人不是天生的，而是被塑造出来的。"

其实男人也一样，都是社会规训的产物，活在假我之中。

美剧《西部世界》认为，人是一套根据趋利避害的原则编写的程序，只不过由于代码足够复杂，让他们自以为掌控着一切，从而产生"自由意志"的幻觉。事实上人类只是乘客，真正的选择权掌握在列车手中。列车者，"基石"也，亦即叔本华笔下的"意志"。

在叔本华看来，万物都是意志的客体化，所不同者唯层级高低而已。层级愈高，冲动愈强。冲动愈强，痛苦愈深——早出晚归的打工人显然没有他养的猫过得惬意。

意志就像一个无形的发条，驱使着一切，让人在特定时间做出特定选择。而驱动意志的，则是"繁殖欲"——从某种意义上讲，人不过是基因的载具。

即便崇高如"自我牺牲"，其实质也无非是为了让家族或种群更好地延续下去；而爱情的触发条件，性冲动不可或缺。它本质上是一种求而不得的欲望，一旦得到，便会消退。

佛陀认为，人生就是受苦，"苦"的根源在于"不满足"。作为意志的傀儡，人的一生都受累于"活下去"与"传递基因"两大使命。为了吃饭和求欢，人要拼命赚钱，博取声望，巩固自己的生存权与生育权。

为刺激人类参与竞争，进化设定了诱饵：快乐。每当你打败对手，赢得名利，大脑都会分泌多巴胺，令你心情愉悦。

可惜，奖励是短暂的——如果愉快能持续很长时间，你哪还有动力去做第二次？为广撒基因，你得在这台"愉快跑步机"上不停地奔跑。

大脑不想你意识到快乐其实如电如露，因为那样你就会怀疑人生。它要将"希望"的胡萝卜挂在你眼前，让你像驴一样不舍昼夜地拉磨——"无间道"里的你，只能在失望中追求偶尔的满足。

另外，同快乐一样，忧虑也是种错觉。

人的情绪不过是对外部环境好坏的主观判断，所有不利于基因存续之事都会令你感到难受，比如发霉的食物、考场的失利。

当原始人在野外听见草丛里有动静时，即便明知"风吹草动"的可能性很大，也会拔腿就跑，因为遭遇狮子的概率再小，大脑也冒不起这个险，而宁可信其有。

"草木皆兵"在茹毛饮血的时代行之有效，可到了现代，就会给人平添许多不必要的烦恼。

原始部落里，大伙都是熟人，风评很重要，被人看不起后果很严重。但今天的人，大部分时间面对的都是陌生人，在这种情况下，那些不要面子的就比过分在意自己给别人留下什么印象的更容易成功。

乐与忧都是虚妄的，大脑最擅长自欺欺人，为了让你相信它是靠谱的，不惜歪曲事实。比如身陷囹圄的少女"斯德哥尔摩症候群"发作，对囚禁她的男人产生依恋，失身后更是"逆向合理化"，认为自己爱上了他。

再比如，把一群受试者关起来填写求职意向书。如果房间里都是男性，那他们会倾向于选自己喜欢的工作；如果房间里有美女，则倾向于选薪酬更高的工作，只因大脑里的求偶模块被激活。

美国作家罗伯特·赖特在《洞见》一书里指出，类似的模块人脑中有七个，分别是"自我保护""避免疾病""吸引配偶""保住配偶""关爱亲属""社会地位""群体认同感"——无不紧紧围绕着生存和繁衍这两大主题。

七个模块轮流坐庄，接管大脑的决策权，但彼此之间并不存在明显的分界线。它们相互影响，无缝切换，往往一个还没结束另一个便已启动。

模块通过感情掌管大脑，哪块输出的感情强，哪块就能抓住你的注意力，让你听命于它。而所谓"理性"，不过是感情的说服工具罢了。

即使你知道这一点，也于事无补，看见精致的巧克力还是忍不住饕餮一番，因为在缺衣少食的原始社会，"自我保护"模块早就帮我们的祖先建立起对甜食（热量）异乎寻常的爱。

想夺回大脑的主动权只能靠修行，佛家的方法是"正念"，即活在当下，聚焦眼前，不在虚拟的思维世界里发散、徘徊你的意识，具体的手段是专注于呼吸。

难点在于，当一个人什么都不干时，模块会争先恐后地各显神通，用情绪和念头劫持其大脑。此时若稳得住，心无旁骛，则达成"正定"（杂念摈除，心不散乱），看见一个无善无恶的极乐世界。

受模块影响，凡夫看世界时都戴着有色眼镜，对万事万物做价值判断。这个东西对我的求偶有利，于是贪；那个东西对我的生存不利，于是嗔——以此给外物贴上或好或坏的标签。

其实，开悟者都是剥离了成见，超越了立场，跳出自身在更高层级观察和体悟世界之人。比如，从人的角度看，腐肉有害健康，是坏的；但对细菌来说，腐肉恰恰是它们的温床——在上帝视角中，众生平等，肉就是肉，不存在好与不好。

这便是"中道"，即面对对立的事物时不执着于任何一边，懂得没有"肮脏"就没有"清洁"，明白"若批评不自由，则赞美无意义"，用太宰治的话说则是"若能避开猛烈的欢喜，自然不会有悲痛来袭"。

唐代的药山禅师有一次在山间散步，看见道旁有两棵树，一棵很茂盛，一棵已枯萎。恰巧其弟子道吾和云岩走了过来，药山便问他们："你们说，哪一棵树好看？"

道吾说："当然是茂盛的好！"

药山点点头。

云岩说："我倒觉得枯的那棵好！"

药山又点点头。

一旁的侍者不解道："师父，您两边都点头，到底哪个好呀？"

药山反问道："你觉得呢？"

侍者想了想，道："枝叶繁茂的固然生机勃勃，枝叶稀疏的却也古意盎然。"

药山颔首。菲茨杰拉德知道了也一定赞同，因为他在《崩溃》一书中写道："一个人能同时保有全然相反的两种观念，还能正常行事，是第一流智慧的标志。"

中道不偏不倚，清楚因果不虚。以中道观察世界，便不会对比、分别、固执，是为"不二"。

人生是既真亦假的游戏，要随时入戏，也要随时能从戏中抽离出来，否则就有生不完的气。毕竟，权贵忧失宠，富豪恐盗凶。红颜难为久，荣耀一场空。华灯盛筵莫不散，曼舞轻歌叹有终。

据说，庄子有一回去见魏王，穿了件打补丁的粗衣。

魏王道："先生怎么这么惫（潦倒）啊？"

庄子道："贫也，非惫也。"

换言之：我是穷，但不落魄，精神好着呢！

在庄子看来，人穷并不可怕，可怕的是心穷，不自信。

这话换个人说不免有"吃不到葡萄说葡萄酸"之嫌，但庄子不会，因为他非常抢手，楚王就曾重金礼聘其担任国相，只是他不愿意去罢了。

不愿意的原因并非跟钱有仇或恃才傲物，而是做官的代价太大，会毁掉庄子眼中最重要的东西——精神上的绝对自由。

由此可见，庄子在先秦诸子中是独一无二的存在——面对乱世，其他"子"都在寻求救治社会的方案（包括老子），只有庄子苦苦思索人的安身立命。

当然，儒、墨、法三家也关注人，但因他们重在社会治理，故本质上是把人当作集体中的一员在讨论，而非像庄子那样，真正将人视为一个独立的个体，关心其如何生存以及心灵的安顿。

事实上，人首先应当成为一个人而不是禽兽、奴才，其次才可去谈他要扮演的社会角色。而人之为人的最高境界，庄子认为就是自然而然地活着，不消极不刻意，不压抑不放纵。

大自然里的马，蹄子可以践霜雪，皮毛可以御风寒，无拘无束。可惜有一天它遇见了人类，被圈养起来，沦为交通工具，甚至去卷"千里马"的名号。

马如此，人亦如是。所以庄子反复强调人要为自己而活，把时间浪费在喜欢之事上、美好之事上，成为一个有趣的人。

这是最合乎自然、顺乎天理的活法，因为生命中的很多事都不需要"上价值"——吃喝玩乐不等于虚度光阴，吃苦耐劳也不等于意义非凡。

人生是旷野不是赛道，三十而立和结婚生子都是别人的意义，是否执行你得扪心自问。而那些貌似毫无价值之事，比如发呆、看日出、数星星，只要你是自足的，它就是你的意义。

其实，一念不生全体现，很多时候恰恰是独处让我们看清世界的真相，找到灵感的开关。而一旦置身人群，智商便被迅速拉低，因为要考虑身份、比较地位、顾忌面子，说各种各样的违心话，到头来不免被利用、被驯化，泯然众人。

唯有独处，能让人发现人的丰富性，洞幽烛微，察己知人，这就是为何塞林格要把一则禅宗公案放在其短篇小说集《九故事》的扉页上：

双手击掌之声人尽知，只手击掌之声又若何？

人不应该为了生活而毁掉生活的目的，可惜大多数人都在这么做。他们习惯于通过与他人的关系来确定自己的位置，反反复复地在别人的评价中求我，希望和失望也都在这里面酝酿与消解，最后失性于俗，丧己于物。

　　行文至此，忽然想起波兰诗人、诺奖得主米沃什的诗《礼物》：

　　如此幸福的一天。

　　雾一早就散了，我在花园里干活。

　　蜂鸟停在忍冬花上，

　　这世上没有一样东西我想占有。

　　我知道没有一个人值得我羡慕。

　　任何我曾遭受的不幸，我都已忘记。

　　想到故我今我同为一人并不使我难为情。

　　在我身上没有痛苦。

　　直起腰来，我望见蓝色的大海和帆影。

目　录

序　章

佛学是一味药。

繁体的"药"字，草字头下面一个乐——《金刚经》的结尾说，一众弟子在听完佛陀释迦牟尼讲法后的反应是"皆大欢喜，信受奉行"。

对福建人而言，这剂药叫三平祖师（781年—872年）。

"三平信俗"是国家非物质文化遗产的代表性项目，其中的"借钱习俗"最具特色——香客从三平寺的佛龛中求取钱币，带回家从事经济活动。来年进香时，除奉还借款外，还要把许诺的利润分成捐给祖师公。

三平祖师的信众遍布36个国家和地区，总计逾一亿（光台湾省就达上百万人），海内外分庙有近四百座。

于是问题来了：为什么这么多人敬信三平？

要回答这个问题，必须从头说起。

佛者，"觉悟的人"也。

因其觉悟，非同常人，故一半"人"（单人旁），一半"弗"（否定）。

佛教，就是主张觉悟的宗教。

具体觉悟了什么道理呢？世界是幻象，人生为苦海。

一个"空"，一个"苦"。

宇宙已经存在了100多亿年，预计还能再存在1000多亿年。在它诞生前、死亡后，更是人类无法想象的漫长岁月，甚至可能压根不存在"时间"这一概念。

一切是那么凑巧——凑巧宇宙大爆炸无中生有，凑巧基本粒子形成无机物、有机物乃至智慧生命。然而，日月星辰，山河湖海，终有一天均会被引力撕裂，回归粒子，最后化作虚无。

当那寂灭无声的一天到来时，天地万物的存在仿佛都是一场意外，宛若夜空中昙花一现的烟火，无比绚丽，何其短暂。

真正永恒的，是宇宙生前死后那片未知的虚空。

在英国小说《名利场》的结尾，作者感慨道："唉，虚名浮利，一切虚空。我们这些人里边有谁是真正快乐的？谁是称心如意的？就算当时遂了心愿，过后还不是照样不满意？来吧，孩子们收拾起戏台，藏起木偶人，咱们的戏已经演完了。"

戏是演完了，却有多少悔恨交加的人不甘退场，宛如沉迷游戏的网瘾少年，玩到服务器关停还不肯罢休，又哭又闹。

在佛陀看来，这又何必呢？人生就是受苦，用雪莱的诗形容便是："苦难啊，苦难，这广阔的世界里，处处碰到你！"

浮生长恨欢娱少，苦的本质是"不满足"。

人总在做一件事情前笃信"目标达成了，我就幸福了"，可真等愿望实现，快感只能维持很短的一段时间，这在心理学上叫"享乐适应"，是进化玩的小把戏，目的是让你不断去"卷"，以便基因传得更广。

这种宛如潮水的情绪刺激除了让人耗费心神，别无意义，还会激发"三毒"。

"三毒"者，贪、嗔、痴。

"贪"就是不知餍足地追求和占有，"嗔"就是因为厌恶而愤恨与恼怒，二者合称"烦恼障"。"烦恼障"会让人产生分别心，给外物都打上标签，整日盘算"这人跟我一伙，那人跟他一伙""这是我该得的，那是他该得的"。这种分别的执着便是"痴"，俗称"认死理"，也叫"所知障"。

"所知障"属于思想层面，比"烦恼障"更难克服——被心魔控制之人，成见越深，就越爱钻牛角尖。

佛陀所说的"苦"，源自"不满足"，表征为"三毒"，只有体认到"空"，方能以"戒定慧"祛除，用欧阳竟无（近代佛学大师）的话说便是：

故欲求智慧者，必先定其心，犹水澄清，乃能照物耳；而欲水之定，必先止其鼓荡此水者。故欲心之定，必先有于戒。戒者，禁其外扰，防其内奸，以期此心之不乱耳。然则定以慧为目的，戒以定为目的，定者慧之方便，戒又方便之方便耳。

所谓"空"，即"诸行无常，诸法无我"。

无常者，沧海桑田，陵谷变迁，万事万物都要经历"生、住、异、灭"（出生、安住、变异、死亡）四个阶段，聚必有散，会必有离，生必有死，没有什么事是一成不变的。

无我者，众生都是由"色""受""想""行""识"这"五蕴"（色是物质的存在，受是感受，想是思维，行是意志，识是了别的作用）按特定机缘暂时聚合而成的，所谓的"自我"根本不存在。

据《四十二章经》记载，天神为考验佛陀，曾送给他一个美女。佛陀瞥了一眼，道："革囊众秽，尔来何为？"

佛陀眼中的美女是拆开来看的，他看见一张人皮里裹着心、肝、脾、肺、肾。随着新陈代谢，每时每刻都有细胞死去，也都有细胞生成，美女还是前一刻的美女吗？她能主宰自己身体的变化吗？

同理，"云"只是人为了方便起见而给一团水蒸气取的名字，一旦风力或温度发生变化，也就飘散或落而成雨了。云聚便是所谓的"缘起"（条件聚合），云散则是所谓的"性空"（没有自性），即云从来没有一个稳定、实在和能够自主的本体。

比如，很多人都知道出家不仅得剃发，头顶还要烫个戒疤。可鲜为人知的是，烫戒疤的做法其实只存在于元代，是统治者的一项歧视性政策——戒疤形同农场主给牛羊烙的记号，汉人剃度必不可少，喇嘛却不用受这个苦。

由此观之，世上所有事都像天边的白云，刹那生灭，缘起性空。

缘起性空揭示了一个真相：一切名词都是理解世界的方便法门，但它们也扭曲了我们对世界的认知。

人是擅长脑补的动物，看见三条线段搭在一起便会联想到三角形，即使其连接得并不严丝合缝。这是进化塑造的判断力，虽不准确，但高效节能。

学佛就是要反其道而行之，用缘起性空的目光重新审视周遭事物。这时，山在你眼里不再是山，而是土壤、岩石和植物的聚合体，且无时无刻不在变化——死了几棵树，碎了几块石。原来，人们只是出于沟通的方便，才把那堆杂七杂八混合物权且称作"山"。

看到这一层，也就看到了"凡所有相，皆是虚妄"。

"相"者，人的观念和事物的形态也，《金刚经》的核心宗旨就是"破相"。把所有的"相"都破除了，心里就没有妄见和执念了（见诸相非相，即见如来）。

"破相"的路径有两条，一是从空间上破，意识到世间万物与所有概念都是一个"集合体"，而不是独立自存的实体；二是从时间上破，明白那些"集合体"都是瞬息万变的，没有确定性和一贯性，即"一切有为法，如梦幻泡影，如露亦如电"。

"有为法"就是凡夫自以为存在的事物，是"缘起法"的另一种说法。而所谓"缘起"，归根结底就是因果律。佛陀看到，一切事物都在因果律的束缚之中，既没有无因之果，也没有无果之因。今天发生的事一定是前因造成的，今天做的事也一定会成为今后某件事的原因。

"因"就是"业"，"果"就是"报"，"因果"就是"业报"，因果律的束缚就是"业力"。

当人说了一句话，做了一件事，甚至仅仅动了一个念头，都是种下了一个因，将来必定导致某个果。种因即"造业"，未来一定会有相应的报。做事造的业叫"身业"，说话造的业叫"口业"，想法造的业叫"意业"。

善念、善行造的业叫"善业"，恶念、恶行造的业叫"恶业"，不善不恶的业叫"无记业"。善业得乐报，恶业得苦报，无记业不得果报。

业力像一组精密的齿轮，把诸事诸物的前世今生都牢牢扣死。想要从轮回中解脱，就必须让齿轮的转动停下来。而既然有因才有果，那么无因便无果。人一辈子不说话、不做事、不动心起念是不可能的，但"无记业"不产生果报——如果能既不行善，也不作恶，因果律也就束缚不住自己了。

这就是为什么修佛的人要出家，远离世俗生活和亲情羁绊，因为人际关系会牵动许多恩怨，造下很多业。早期佛教徒（小乘佛教）对世事采取不闻不问的态度，什么大慈大悲、济困扶危，不存在的。在他们看来，啼饥号寒与钟鸣鼎食没什么不同，都是各人的业报。

佛陀坐化后大约六百年，大乘佛教出现。

相比于自度的小乘佛教（只发"出离心"，为自己解脱而修行），大乘佛教（既发"出离心"又发"菩提心"，为众生解脱而修行）更强调普度，认为人只有在"入世"中才能真正达到"出世"的目标（前提是了悟世界的本性是"空"）。

大乘佛教追求的不仅是自身的解脱，更是众生的解脱。一面洗心正念，开悟自我，一面悲天悯人，启悟苍生。

以出世心，做入世事，主要流行于中国的大乘佛教显现出"积极"和"辩证"的特点。

积极者，"命由己立"也。既然一切都由"三业"造成，既然生命是无尽的积累，那么人何不通过改变言行，纠正偏见来改写命运？比如《了凡四训》的主人公袁了凡。

辩证者，"中道不二"也。比如一个人事业成功，日进斗金，于是他认为自己可以一直赚钱，这就犯了"常见"的错误。而当有一天他突然破产，负债累累，觉得人生已毫无希望，这便又犯了"断见"的错误，毕竟"三穷三富过到老，十年兴败谁知晓"；再比如"性空幻有"——事物的本性虽是"空"，但它的现象还是存在的，即使这种存在是一种"幻有"（假有），但你不能将其否定掉。与此同时，也不能因现象五光十色，就忘记了它本质是空的。一言以蔽之：不着两边，不离两边。色即是空，空即是色。

综上所述，学佛能帮人打开格局，提升境界，以上帝视角观察、体验世界，获得真正的自由。

苏东坡逝世前曾留下"着力即差"四个字，表达了他对人生的终极领悟。

着力即差，说的是当你使出吃奶的劲儿时，其实已经错了，因为但凡用力，皆是刻意为之，而刻意的事，无论工作、交友还是婚恋，都不会长久。

一位哲人曾说：如果你在日落之后忍不住想要去找你的朋友，那就说明你的心还没有圆满，还沉迷于制造各种羁绊和因果。

经历得越多越会发现，只要人还在别人身上找寻自己没有的东西，还在相信从对方身上能够找到自己想要的东西，无论那是理解、信任，还是关切、包容，抑或发自内心的欣赏，那么一切最初的甜蜜都终将化为酸楚。

倘若世间当真存在这么一个人，那他为何要在你这里浪费精力，而不去选择一个更好的连接对象？即便他一时向下兼容，你又如何确保自己不会随着时间的流逝而让对方觉得无聊与费劲？

曾几何时，我们把幸福寄托于外物，因为成功而感到幸福，因为佳偶而感到幸福，因为美食美酒美景、房子车子票子而感到幸福，殊不知当成功转变为失败，佳偶转变为怨侣，身体机能下降，经济环境恶化，幸福便像肥皂泡一样破灭了，取而代之的是痛苦、悔恨和愤怒。

因此，真正的幸福是无条件的，可以独立自存。由于没有变质毁败一说，也就无所谓得到和失去。灵魂之舟不必非要找个可以停泊的港口，在苍茫的人生大海上它随处可去，随时可止。

无条件的幸福建立在一种坚定的信心之上：自身是圆满无缺的。一切渴求皆为欲望制造出来的幻觉，令一个本不匮乏的人误以为自己弱小、无力、孤独、愚蠢，需要在这个世界上寻寻觅觅，东拼西凑，直到有一天发现那些捡来捧在手心的东西都转瞬成烟，才意识到过去的迷惘与恐慌是何等可笑。

凡事不强求，人生才如意。人要学会从精神内耗中跳出来，而不是一味执着于无法改变的事，就像梦参法师所言：对他人当然要慈悲，但请先对你自己慈悲。所谓慈悲为怀，是放过自己后再普济众生。

放过自己就是"破我执"，马尔克斯在《百年孤独》里写道：

　　人生的本质就是一个人活着，不要对别人心存太多期待。我们总是想要找到能为自己分担痛苦和悲伤的人，可大多数时候，我们那些惊天动地的伤痛在别人眼里不过是随手拂过的尘埃。或许成年人的孤独，就是悲喜自渡。

　　的确，99.99% 的人，三代以后将不再有人记得他的姓名，存在过的痕迹都会被时间抹平。所以，人生的意义就是活着的这三万来天，不要因鸡毛蒜皮的小事烦恼，更不要拿别人的错误惩罚自己。用心品尝每一口饭菜，仔细聆听每一处花开，全情感受每一次喜悦每一场爱。

　　生不带来，死不带去。生命就像一顿不能打包的自助餐，只能在固定的地点和有限的时间内享用。既然如此，与其纠结于得失、好坏，渴念丛生，苦大仇深，倒不如尽情享用"有情"（众生）赠与你的东西，再在谢幕时把它们都还给社会，取之于十方，用之于十方。

　　人欲无穷而人生有涯，五蕴炽盛不过平增痛苦罢了。既然意识到死是必然结局，人就更应在活着的时候让每一天都充实无憾，而不是被社会标准绑架，把一段甚至全部的生命当成实现某个目标的工具。

过去已经过去，未来未曾发生。一个不念过往，不畏将来，随缘生死，一顺天则的人，命运再叵测，也已经拿他没办法，因为他常观无常，担得起、放得下、看得开，同生活的激流融为一体，在度过自尽于心、自快于心的一生后，"将头临白刃，犹似斩春风"。

一　禅林往事

公元 67 年，印度僧人摄摩腾和竺法兰应汉朝使者之邀（起因是汉明帝梦见金人，问群臣而得知"西方有神，名曰佛，其形长丈六尺而黄金色"）来到洛阳，随行的还有一匹驮经的白马。明帝下旨修建白马寺，二僧居于其中，译出历史上首部汉译佛经《四十二章经》。

此即佛教传入中国之始。

魏晋时期，天下无道，兵燹不断，学界研究佛学之风极为流行，谢灵运就注释过《金刚经》。

由于佛理深微，了解不易，佛学虽受知识分子欢迎，但很难破圈。为了布教，一些僧侣借助玄学（研究老庄和《周易》的学问）阐释教义，基本盘倒是扩大了，却引来不少一知半解的好龙之叶公。

比如所谓的"佛心天子"梁武帝。

公元 6 世纪初，达摩乘一叶扁舟从印度来到广州。广州刺史萧昂信佛，亲自到码头迎接。

达摩被安置在王园寺，弘扬禅法，名声大噪。

禅者，静虑也，原是印度各宗教门派通用的修炼方法（静坐冥想），在佛陀生前即已流行，在佛陀身后逐渐专指"修佛"。

相传佛陀在灵山法会上拈花示众，众人不解其意，皆默然无语，唯弟子摩诃迦叶破颜微笑，故释迦牟尼道："吾有正眼法藏，涅槃妙心，实相无相，微妙法门，不立文字，教外别传，付嘱摩诃迦叶。"

言讫，他把平素所用的钵盂和袈裟授予迦叶，迦叶则继续将衣钵往下传，至第 28 代即为达摩。

达摩之所以被称作"祖师"，在于他是第一个到中国传禅之人，所传教义都在一部名为《楞伽经》的书里，他认为读这一本就够了。

在《楞伽经》看来，得道的途径主要有两条，一是"理入"，一是"行入"。

"理入"就是借由经典的教导，深信众生本具佛性，只因被尘世的种种烦恼遮蔽才无法显现。而欲舍伪归真，则必须"壁观"（即"安心"，达摩禅法的一大特色），摒除一切杂念，寂然无为。

"行入"属于实践，分"报冤行"（逢苦不忧）、"随缘行"（得乐不喜）、"无所求行"（有求皆苦，无求即乐）、"称法行"（虽行，却不着于种种"相"）四个阶段，是一条逐步深入，提倡苦行的"渐修法"。

达摩闻名岭南后，萧昂将其事迹上奏。梁武帝龙颜大悦，准备亲自迎他上京。

宰相蔡撙以"北方魏廷，虎视眈眈"为由相劝，于是梁武帝改派两位重臣往迎。达摩不愿北上，但事已至此也只好上路。

梁朝京城建康。

梁武帝出城数里，恭迎达摩，一路上鼓乐高奏，鞭炮齐鸣。

达摩享受了最高礼遇，香汤沐浴，前呼后拥，在休息了两天后才正式会见梁武帝。

"请问圣僧，圣谛第一义是怎么回事？"

梁武帝一上来便抛出个很玄妙的问题。

"廓然无圣。"

达摩的回答很不给面子——心性须如虚空，辽阔清明。而既然心中什么都没有，也就无所谓圣不圣的了。

梁武帝不服气，追问道："那么，对朕者何人？"

他以为这样便能将达摩一军——人人都说你是圣人，既然无圣，那你是谁？

达摩只回了两个字："不识。"

表面看，两人似乎杠上了，但达摩所说的"不识"并非"不认识"，而指"无论什么人，都不必在意自己是谁"。可见，两字内藏禅机，只有达到心无所住的境界才能领悟，梁武帝看不透也很正常。

他继续问道："我在江南建了四百八十座寺庙，出家人达几十万，我的功德大不大？"

达摩摇头道："并无功德。"

梁武帝忍无可忍，达摩却不紧不慢地解释道："此有为之善，非真功德。"

换言之：善欲人见，不是真善。

梁武帝怫然不悦，拂袖而去。

达摩离开京城，到少室山面壁，终日默然。

其间，一个叫神光的僧人跑来拜师，达摩无意收他为徒，便提出"断臂"的要求，以使其知难而退。孰料，神光毅然断臂，达摩震惊之余深受感动。不过，他还想考考神光，看其意志是否真的坚不可摧。

一天夜里，大雪纷飞，冷风如刀，神光侍立于洞口，守护达摩，以免其被野兽叼走。次日，面壁之功圆满的达摩睁眼起身，发现洞外的神光全身已被积雪覆盖，气若游丝。

达摩感念其诚，将之救活，给予开示，并赐法号"慧可"。

临终前，达摩将信物传与慧可，道："内授法印，以契证心；外付袈裟，以定宗旨。"

于是，慧可成为东土禅宗的"二祖"。

一日，某年近不惑的居士（在家修持佛法的信徒）到少室山参谒慧可，慧可与之谈禅论法，发现其对答如流，同自己心意相通。

此人就是后来的僧璨，禅宗三祖。

僧璨接过衣钵后，适逢周武帝宇文邕灭佛，他只好隐居到岳西县（今属安庆市）的司空山，居无定所，直至北周为隋文帝所灭。

公元 590 年，隋开皇十年，僧璨正式在山谷寺（位于安徽天柱山）宣扬禅法，并做了首被后世视为禅宗修学指导原则的《信心铭》，开头语是：

> 至道无难，唯嫌拣择。
> 但莫憎爱，洞然明白。

拣择者，局部也，现象也，思量也。有思量则有分别心，起分别心则与世界的整体性失去联系，同万物走向分离。

能一视同仁则达"至道"，则知宇宙本来面目。盈亏有时，善恶有时，悲喜有时，但算起总账来却是左手倒右手，造物主全无所失，功德圆满。

两年后，一个 14 岁的小沙弥前来拜师，说："愿和尚慈悲，乞与解脱法门。"

僧璨道："谁缚汝？"

小沙弥答："无人缚。"

僧璨道："那解脱什么？"

小沙弥大悟，随侍僧璨，后来接受其法衣，成为禅宗四祖道信。

在禅宗发展史上，僧璨是一个重要坐标——初祖达摩将禅法带到中国，时人"遇而未信"；至二祖慧可，时人"信而未修"；直到三祖僧璨，时人才"有信有修"。

至四祖道信生活的唐初，儒、释、道三家已有融汇之势，李渊和李世民均曾举办三教讲论会，让儒生、道士、和尚互相辩驳，而命皇子、大臣和饱学之士观摩并评判得失。

至武周时，武则天带头信佛，曾为亡母祈福命人抄写《金刚经》三千部，还自作《开经偈》一首：

天上天下无如佛，十方世界亦无比。

世间所有我尽见，一切无有如佛者。

无上甚深微妙法，百千万劫难遭遇。

我今见闻得受持，愿解如来真实义。

自此，佛教的地位直线上升，儒臣位至宰辅者，常以兼明释氏为荣，如张说与张九龄。

道信的继承人是五祖弘忍，至其传法（高宗李治执政时期），"法门大启，根机不择"，禅者已由独来独往，秘密单传，变为营宇立像，开坛布道，这为禅宗后来成为一个稳定的社会团体并走向繁荣提供了必要条件。

弘忍聚徒讲习的地方在黄梅县（今属黄冈市）双峰山以东，他常劝僧俗持诵《金刚经》（成书于公元1世纪，公元402年由后秦高僧鸠摩罗什译成中文），有弟子七百余人，世称"东山法门"。

可能你会问：达摩老祖不是教人只读《楞伽经》吗，怎么传到弘忍这开始学《金刚经》了？

汤用彤研究过这个问题，指出转变的原因有二：一是从僧璨开始，活动区域从北方转到了南方，而南方恰是《金刚经》流行的地区，故入乡随俗，因地制宜；二是《楞伽经》传了几代后逐渐走样，学术味日浓，修行味日少，而《金刚经》言简意深，正好扭转时风。

二 六祖慧能

为选择接班人，弘忍曾命一众弟子作偈（佛经中的唱词），阐释佛法。上座（出家年头较长者）神秀写下一首偈语，贴于南墙：

身是菩提树，心如明镜台。
时时勤拂拭，勿使惹尘埃。

佛祖是在菩提树下证悟的，"身是菩提树"就是把身体当作"证法之器"。神秀的意思是：通过长期苦修，排除杂念，便能渐悟成佛。

弘忍见偈后，对众门徒道："后世能依此修行，亦得正果。"

寺中一目不识丁的火夫在作坊里听见僧众念诵该偈时，好奇地问："这是什么章句？"

一僧道："此乃神秀上人所作之偈。"

火夫道："美则美矣，了则未了。"

他也想了首偈诗，因不会写字，只好请人帮忙，书于墙上：

菩提本无树，明镜亦非台。

本来无一物，何处惹尘埃？

在"镜子本来就干净"这一点上，神秀和火夫达成了共识，不同之处在于：前者主张达到解脱的境界需要按部就班（渐悟），解脱之后仍须谨慎（免得再被弄脏）；而后者认为解脱只在一瞬间（顿悟），立地成佛，即"你一直以为镜子是脏的，直到有一天忽然发现它从来都是干净的"。

火夫的偈诗令僧众赞叹不已，弘忍的反应却是用鞋底将之擦去，淡然道："没有领悟到佛性。"

不久，弘忍避开众人，到作坊问火夫道："米熟了吗？"

火夫道："熟了，但还未过筛。"

弘忍用手杖敲了舂米的杵头三下，转身离去。

火夫顿解其意，于三更时分悄悄进入弘忍静室。弘忍向其讲授《金刚经》，并将袈裟和钵盂拿了出来，叮嘱道："自古以来，传法之人命若悬丝。你现在已经担负了传法重任，如果继续留在这里，恐遭不测。赶快走吧，走得远远的！"

于是，火夫下山，从湖北跑回广东，在民间隐居了十五年。

当他复出后，"慧能"（638年—713年）这个日后如雷贯耳的名字正式登上历史舞台。

慧能弘法的第一站是法性寺（位于今广州市），入寺时，他看见两人正对着院中一面迎风招展、"啪啪"作响的旗幡争论。

一人认为这是"风动"，一人认为这是"幡动"。两人各执一词，喋喋不休。

慧能走上前去，道："不是风动，不是幡动，而是二位的心在动。"

在慧能生活的盛唐，僧人社会地位极高，不仅享受减免徭役的福利，还动辄获赐官职与尊号。此外，寺院垄断大量土地，"凡京畿之丰田美利，多归寺观，吏不能制"（《旧唐书》）。

在此背景下，遁入空门的儒者如过江之鲫，不可计数，比如神秀"少览经史，博综多闻。既而奋志出尘，剃染受法"；比如以赤子之心闻名于世的丹霞禅师，本习儒业，进京应举，夜宿旅店时偶遇一僧，被问"仁者何往"，答曰"选官去"，结果对方一句"选官何如选佛"即令他改变人生志向。

随着和尚越来越多，佛经越译越多（光玄奘就从带回来的印度原典里译出 75 部经论），教理的探讨也日渐繁密，随之而来的便是宗派林立，歧见纷呈。

中唐以后，诸派中影响最大的就是禅宗，而开启这一新纪元的正是慧能。

慧能的父亲本在河北的范阳县（位于今保定市）做官，后被贬到岭南，成为新州（今广东省新兴县）百姓，不久便死了。幼年失怙的慧能随母迁到南海（今佛山市下辖区），靠卖柴为生。

弘忍初见慧能时，曾问："你是哪里人，来此礼拜我所为何求？"

慧能道："弟子是岭南人，新州百姓。远来礼拜您不求余物，唯求作佛。"

弘忍不屑道："你是岭南人，又是獦獠（对少数民族的蔑称），怎么能作佛？"

慧能答道："人虽有南北之分，佛性却无南北之别。獦獠身与和尚不同，但佛性又有何差别？"

可见，慧能入门前已有众生平等的思想，这为他后来的主张"明心见性"（发现自己的真心，见到本来的真性，明白"自心本具佛性，自性本即佛性"）打下了基础。

正因世人多未"明心见性"，才执着于诸相，妄生分别。对此，慧能"立无念为宗，无相为体，无住为本"。其中，"无念"最重要，即要求人跳出世俗的善恶观，停止理性思维。"无相"则是不执于"名相"（语言概念，事物形象），"无住"则是没有固定的见解或特定的心理趋向。总之，就是通过"灭诸妄念，离诸外境"来见性成佛。

自性迷，佛即众生；自性悟，众生即佛。很明显，慧能的"顿悟成佛"不要说对广大禅僧，便是对凡夫俗子也极具吸引力。而既然成佛只在一念间，那么读经、念佛、坐禅等一系列修习功夫也便失去了实际意义，取而代之的是正心诚意向内求。

发展到最后，慧能甚至说："若欲修行，在家亦得，不由在寺。"

这就让神秀没法玩了。

弘忍死后，神秀北上另立门派，被武则天看重，封为国师，获得"禅宗六祖"的称号。正因如此，历史上其实有两位"六祖"，北宗"渐悟"门的神秀和南宗"顿悟"门的慧能。一个皇封，一个祖传，不相上下。

开元二十二年（734年），神秀死后28年，慧能的弟子神会跑到河南滑县的大云寺召开"无遮大会"，同北方学者展开激辩，提出北宗是旁门，慧能才是禅宗嫡传。

神会的"北伐"令北方也开始流行南宗，北宗日渐式微。

贞元十二年（796年），神会死后36年。唐德宗与一众禅师商讨后，定神会为"禅宗七祖"，并亲制赞文，颁行于世。

神会的重要性自不待言，但他对慧能的思想主要是继承，没有太多发展，故这一脉传了三代后便销声匿迹了，真正将禅理发扬光大，使南宗等同于禅宗的乃其同门——留在南方的南岳与青原。

事实上，南岳和青原也只是过渡人物，令禅宗开枝散叶、蔚为大观的，是二人的弟子——马祖道一与石头希迁。

三 双峰并峙

道一（709 年—788 年）俗姓马，四川什邡人。他的出现令禅学进入一个波澜壮阔的新阶段，被胡适誉为"中国最伟大的禅师"，被后世尊称为"马祖"。

慧能在世时，曾对南岳道："向后佛法从汝边出，马驹蹋杀天下人。"

该预言差不多算是隔代指定接班人了（马驹是马祖童年时的小名），可马祖初入南岳门下时，整日闷头打坐，疯狂诵经，急于求成的样子一点也不像能大兴禅宗之人。

南岳见状，道："和尚天天枯坐在这，如果不能断诸妄念，又如何成佛呢？"

马祖置之不理，南岳只好拿起一块砖在他面前磨起来，制造噪音。过了一会儿，马祖实在受不了，问师父到底在闹哪样。

南岳道："我在磨镜子啊。"

马祖奇道："砖头怎么可能磨成镜子呢？"

南岳放下砖头，笑道："砖头既然无法磨镜，打坐又岂能成佛？"

马祖恍然大悟——迷者枯坐，智者用心。没有大疑，何来大悟？

从此，他不再埋头苦练，而是频频听南岳说法，用心参禅。终于，他出师了，移居江西，在洪州（今南昌）聚众说法，创立名动一时的"洪州宗"。

石头（700年—790年）俗姓陈，广东高要（今肇庆市辖区）人，七八岁时便萌发出家之志，对当地"信鬼神，杀牺牲"的风俗强烈不满，曾多次到祭祀场所"夺牛而还"。

慧能去世的前一年，在回新州老家的途中看见一个恭候他的少年，却是石头。

石头虔诚地表达了出家的意愿，慧能则"一见忻然，再三抚顶，谓之'子当绍（继承）吾真法矣'"。

根据慧能"寻思去"的启示，石头在其寂灭后拜入青原（法号行思）门下。学成后，他西去湖南，来到衡山南台寺，发现寺东有块平台状的巨石，便结庵其上，闭关修持，被世人称作"石头和尚"。

相较而言，马祖更重实践，大开大合，使禅贯彻到百姓日用之中；石头更偏思辨，像一个孤峻严谨的哲学家。

在马祖看来，心生万物，心外无佛，故成佛不必向外苦求而只需内观，因为我心即佛心。

慧能也讲"自识本心"，但他的"心"指抛却妄念的"真心""了心"，而马祖的"心"指所有人的自然之心，包含了烦恼等负面情绪，被他冠以"平常心"之名。

平常心就是马祖理论的核心，他认为"道不用修，但莫污染"，所谓的"污染"即"有生死心，造作趋向"。人如欲求得解脱，则行住坐卧，应机接物都该"不取善，不舍恶，净秽两边，俱不依怙"，达到"了无挂碍，一任自然"的状态。

马祖教人，以"即心即佛"（明自本心，见自本性，就是修佛）入之，以"非心非佛"破之（破除对"即心即佛"的执念），以"平常心是道"行之。担柴倒水，吃茶洗钵，饥来则食，困来即眠。

由此可见，马祖之于慧能，类似王艮之于王阳明。王阳明虽讲人人皆可成圣，良知（是非之心）与生俱来，但亦强调明觉良知的功夫（去私欲），可到了王艮那里，静坐体悟不存在了，因为良知感应神速，知是知非，那么按照直觉的指引去做就行了，最后一定能看到"满街都是圣人"的景象。

提倡"道不用修"的"马祖禅"简易现成，与王艮的泰州学派一样，横扫天下，席卷宇内，但由于它过度抬高了个体的自主性，消解了禅宗作为宗教的神圣性，故成为后来"狂禅"的滥觞。不少学者认为：没有马祖，禅宗就难以"燃烧"起来；而没有石头，禅宗很可能会烧成灰烬。

的确，相比于马祖"天理即人欲"（即"天理包含人欲"，在泰州的影响下由李贽等人掀起的晚明思潮）式的调和，石头孜孜不倦地细绎佛理，算是一种纠偏。

不过，马祖和石头从未对立，而是和而不同，经常互 cue，甚至给对方推荐学生。

比如那个在客店被旁人一句"选官何如选佛"说

动的丹霞禅师，追问"去哪选佛"时获知"江西马祖"。他欢天喜地地去参拜马祖，结果后者凝视良久后道："你的因缘不在我这，湖南的石头希迁是你的老师。"

后来，丹霞果于石头座下悟道。

再比如药山禅师早年沉迷于文字禅，读了一堆佛经，却离学佛的初衷（追求自在清净）越来越远，故跑去找石头请教："听说南宗直达本源，见性成佛，可实在找不到门径，敬请和尚明示！"

石头说了段绕口令："这样不得，不这样也不得，这样不这样总不得，你该怎么办呢？"

见药山一头雾水，石头道："子因缘不在此，且往马大师处去。"

果然，马祖的教学方法更适合药山，在听其转述了石头的话后，说："我有时让他们扬眉瞬目（横眉怒目），有时不让他们扬眉瞬目。你怎么办呢？"

虽然也很绕，却比石头之言具象，故药山当场了悟：不管别人怎么教，不管你采取什么方式，都只是一种门径，一种开启自家心性的"他力"。他力千差万别，目标却只有一个。

　　药山叩头礼拜，马祖问道："你见什么道理就拜？"

　　已学会"借物"的他也打了个比方："我在石头那，就像蚊子上铁牛。"

　　蚊子能吸牛血，却无法叮咬铁牛。这说的是人要自悟，而不能以吃现成饭的心态攀附一个名师，乞求一条捷径。

　　马祖颔首道："既已自知，好自护持着吧！"

　　于是药山在马祖门下修了三年，直到一日被问"近日长进如何"。

　　药山道："皮肤脱落尽，唯剩一真实。"

　　马祖很满意，打趣道："打三条篾片，把肚皮捆住，随便找个地方住持去吧！"

　　这是给他发毕业证了，没想到药山谦虚道："我算什么，敢想住山的事？"

　　"这话不对。没有常行不住的，也没有常住不行的。还是去做条渡人的航船吧，不要老'住'在这里了。"

　　马祖鼓励道。

　　药山由是下山，但也没去开山，而是又回到石头门下学习。

同石头严肃的门风相比，马祖的施教风格灵活多变，曾把弟子百丈怀海"棒喝"到三日耳聋，还理直气壮道："我如不打汝，诸方笑我也。"此外，马祖有时会对提问者避而不答，称："我今日劳倦，不能为汝说，问取智藏（其弟子）去。"

一日，学生邓隐峰辞师，马祖问他去哪，答曰："去找石头。"

望着心浮气躁的邓隐峰，马祖提醒道："石头路滑。"

邓隐峰道："我带着锡杖，摔不倒。见他后随机应变，逢场作戏而已。"

于是上路。

见到石头后，邓隐峰绕禅床一周，用锡杖叩击地面，问道："你的宗旨是什么？"

石头仰天长叹："苍天哪，苍天！"

邓隐峰愣住了，不明所以，只好回禀马祖。

马祖道："你再去问，若他有答，你就'嘘'两声，看他如何回应。"

依其所言的邓隐峰又来到石头面前，问他"是何宗旨"。岂料石头不讲武德，直接连"嘘"两声，把他的台词抢了。

邓隐峰无语而归，马祖见状笑道："早就跟你说过，石头路滑！"

其实，"苍天"即虚空，石头第一次已经回答了邓隐峰的问题，奈何他不解其意。而马祖教他"嘘"，是通过谐音的方法不落文字地表达"虚空"，可惜石头早就料到邓隐峰去而复返的用意，先下手为强，令其再次落败。

关于邓隐峰还有个段子，说的是有一回他随石头铲草，发现草丛里有条蛇。石头把铁锹递给他，示意下手。邓隐峰下不了手，石头夺过铁锹便把蛇砍成两段，骂道："生死关都过不了，搞什么佛法呀！"

马祖与石头，驻锡（扎根）两地，勠力同心，传顿教于学子，弘禅法于海内，开出令汉传佛教彪炳千古的"禅宗五家"，无怪乎彼时的禅林盛传这样一种说法："江西的马祖、湖南的石头，那些往来于世间却不去参见他们的人，真是无知啊！"

历史的车轮滚滚向前，当两位宗师的传奇行将落幕时，福建省福唐县（今福清市）传来一声婴儿的啼哭，他就是后来的三平祖师杨义中。

四　遍接法露

杨义中，生于唐建中二年（781年）正月初六，祖籍陕西高陵（今西安下辖区）。

跟很多传奇人物一样，义中呱呱坠地的那一刻"白光满室，祥云缭绕"。更有好事者称，当时房前屋后花香扑鼻，空中梵音阵阵，似乎有人诵经，而新生的婴儿竟向围观者露出超脱的笑容。

义中的父亲是位闽官，在福建干了14年，可从《福州府志》到《福清县志》，各种史料都查无此人。由是观之，他应该只是个默默无闻的基层公务员。

这样的家庭背景，让义中的出路无外乎两条：要么考编，要么出家。

相传义中3岁时，有个和尚造访杨府，说他"生成三十二相，相相入格，将来必成正果"。

中国有相学，民间自古流行看面相、看手相。印度也有相学，且更发达，从头看到脚，最完满者拥有三十二个"一等好相"（常人有其中的三五个便足称"绝顶贵人"）。

和尚说义中"三十二相，相相入格"，即指其身体的各个部位都福德圆满，简直就是应化到人间的一尊活佛。

果然，义中从小不食荤腥，一心向佛。14岁那年，他随迁官至宋州（今商丘）的父亲来到河南，拜在律宗大师玄用门下，潜习佛法。

同强调参悟的禅宗相比，律宗主张研习佛法，传持戒律，学术意味更浓。所幸受父亲影响，义中从小博闻强记，凡事刨根问底，无论四书还是五经皆如数家珍，故并不感到吃力。

他焚膏继晷，修佛之路循序渐进——先修"奢摩他"（通过内观将杂念和外界干扰降至最低），后修"三摩钵提"（身心安泰的状态），再修"禅那"（高度集中精神，对某个对象或主题进行思维）。

修习中，玄用还让义中牢记佛门的入门学说"五戒十善"和"四摄六度"。为使其修炼得到质的提升，他经常突然发问："何为五戒十善？何为四摄六度？"

义中皆对答如流。

"五戒"者，不杀生、不偷盗、不邪淫、不妄语、不饮酒；"十善"者，不贪、不嗔、不痴、不杀、不盗、不淫、不妄言、不两舌（搬弄是非）、不恶口（恶语伤人）、不绮语（不说废话）。

两者有所重复，"五戒"侧重于止恶，"十善"侧重于修善。

"四摄"者，四种纯粹利他的菩萨行为。摄是"摄引"的意思，即以此引导众生信佛；六度者，六种自利利他的菩萨行为，修习者可以渡过生死苦海，抵达涅槃彼岸。

除"五戒十善"与"四摄六度"外，义中还坚持研究《周易》。在他看来，儒学和佛法是相通的。

对此，有"诗佛"之称的王维肯定举双手赞成。

生长于佛教家庭的他（王维之母曾师事神秀的弟子大照禅师），名字取自"维摩诘"（一位受释迦牟尼尊重的印度居士），诗风深受禅宗影响，如著名的《过香积寺》：

不知香积寺，数里入云峰。

古木无人径，深山何处钟。

泉声咽危石，日色冷青松。

薄暮空潭曲，安禅制毒龙。

不独王维，在禅风的熏染下，唐人的很多诗歌都迈入空灵之境，最具代表性的便是《题破山寺后禅院》（常建）：

清晨入古寺，初日照高林。

竹径通幽处，禅房花木深。

山光悦鸟性，潭影空人心。

万籁此俱寂，但余钟磬音。

及至中唐，参禅成为文坛流行的风尚，古文运动的健将不少都是"解行并重"（理论结合实践）的居士，比如白居易和柳宗元。

白居易常与名僧交游，某日他去拜访鸟窠禅师（因在亭亭如盖的松树上栖止修行而闻名），仰面道："禅师住在树上，太危险了。"

鸟窠道："太守（白居易时任杭州刺史）的处境才危险呢。"

白居易不以为然道："我是朝廷命官，何险之有？"

鸟窠道："薪火相交，识性不停，岂曰无险？"

欲念似火，机心不休，痴猿捉月，渴鹿驰焰——白居易清楚他在说官场的尔虞我诈，乃转换话题道："如何是佛法大意？"

鸟窠回答道："诸恶莫作，众善奉行。自净其意，是诸佛教。"

白居易略感失望，道："这是三岁童子都懂的道理。"

鸟窠道："三岁孩儿虽道得，八十老翁行不得。"

白居易顿悟。

常年出入梵林，白居易的诗愈带禅机，如：

既悟莲花藏，须遗贝叶书。

菩提无处所，文字本空虚。

观指非知月，忘筌是得鱼。

闻君登彼岸，舍筏复何如？

不仅自己信佛，白居易还拉友辈入伙，比如元稹丧妻后他就劝之曰："人间此病治无药，唯有《楞伽》四卷经。"

元稹后来果然奉佛，而"外服儒风，内宗梵行"的白居易更是在71岁时写了首流传甚广的《念佛偈》。

至于柳宗元，高开低走的人生导致其宗佛尤笃。

公元805年，旨在反对藩镇割据与宦官专权的"永贞革新"仅仅持续了半年便因政变而失败，"二王八司马"（革新派领袖王叔文、王伾，以及刘禹锡、韦执谊等八位成员）俱遭贬斥。其中，"二王"于次年身故（一被杀，一病逝），"八司马"（司马是刺史的副手，八人均被贬为偏远州的司马，故有此称）也基本终老于边陲，再无翻身之日，比如柳宗元。

柳宗元遭逐时不过三十出头，其先后担任司马与刺史的永州（湖南南部）和柳州（广西北部）都属于边远地区，有拜鬼、嗜杀的陋俗。

为树正见，启迪民众，柳宗元重建龙兴寺（永州），复兴大云寺（柳州），弘法于蛮荒之地，兴教于僻远之所，直至当地人"去鬼息杀，而趣务（热衷）于仁爱"。

事实上，柳宗元学佛甚早，曾谓"吾自幼好佛"。当其居于长安时，"闲持贝叶书，步出东斋读"便已成为一种生活习惯。

他主张佛儒调和，在《送僧浩初序》中称：

浮图诚有不可斥者，往往与《易》《论语》合，诚乐之。

在《送元暠师序》里说：

释之书中有《大报恩》十篇，咸言由孝而极其业。

指出佛家亦重孝道，以塞儒者非难，兼通佛儒的义中见了也会会心一笑。

尽管义中聪明勤奋，但成为具有正式编制的僧人并不容易。

在当时，为僧同做官一样拥有显赫的社会地位，还可享受朝廷俸禄，因此入编殊非易事，至少得具备两项条件。

一是年龄，必须年满二十才能提出申请。

二是逢进必考，由师父（多为得道高僧，至少也得是达到自立门户要求的僧人）直接命题，考核方式比较灵活。有的师父喜欢经年累月地观察，也有的倾向于当场出题，检测慧根。一旦受试者过线，师父便会上报朝廷，备案通过。

元和二年（807年），27岁的义中终于受具足戒，成为一名真正的比丘（僧人）。此时，距他第一次拜见玄用已过去十多年。

一天，玄用将义中唤到跟前，郑重其事道："吾道已尽传，尔去闯荡吧。"

就这样，义中出师了。

彼时，佛门山头林立，各派对佛理的阐释和修持方法各不相同。

为了证道，义中云游名山大川，遍访古刹大德。而他第一个拜访的，便是马祖的高徒百岩怀晖。

百岩怀晖（756年—815年）本名谢怀晖，祖上乃东晋世家谢家。

作为一名土生土长的泉州人，怀晖自幼聪慧，博览群书，喜好佛老，清心寡欲。一日，看过佛经后的他沉思良久，感叹道："我的祖先现在在哪呢？四肢百体，视听功用，到底是谁授予我的？"

心念及此，泣涕涟涟，不久便皈依佛教。

贞元（785年—805年）初年，怀晖至洪州，投到马祖道一门下。

拜师后，怀晖专攻大乘教义，认为"自心本性，清静独立"，不必执意于"遣境"和"去垢"的修行，用其原话讲便是：

> 心本清净而无境者也，非遣境以会心，非去垢以取净，神妙独立，不与物俱。能悟斯者，不为习气生死幻蕴之所累也。

所谓"境"，即哲学上的客观现象。很明显，怀晖对此持怀疑态度，而强调自心，强调认识主体。

马祖时代的南禅，受到以北禅为代表的其他教派的排斥。怀晖有感于马祖北上弘法未达预期，以传播南宗禅法为己任，马祖亦对其倾囊相授。

眼见怀晖已可自立，马祖遣其在岨崃山（位于今山东泰安）、灵岩寺（位于今山东济南）、太行百岩（位于今河南修武）广布禅法。久之，怀晖名播四海，慕者纷至沓来，"百岩大师"之名就此诞生。

由于怀晖在研究禅宗历史方面颇有建树，马祖临终前特意向他总结了南岳禅法的精髓：无待而常，不住而至。

凡夫要么执有，要么执空，总是落于两边。"无待"正好相反，是"相待"（大与小、长与短、高与矮、好与坏）的对立面，以中道智慧见宇宙人生之真相；至于"不住"，无非任运自然，随缘不变，于平凡真实的生活中体悟佛法，无所住而生其心。

马祖希望怀晖担起传灯的责任，怀晖不负所托，继神会之后又一次震撼北方佛门，并引起唐宪宗的重视。

元和三年（808 年），怀晖应诏入京，到章敬寺说禅，一时间"法门大启，传百千灯。京夏（全国）法宝（佛法）鸿绪（事业），于斯为盛"。

在怀晖的努力下，洪州宗风行于京师，义中也慕名来到章敬寺，拜在百岩门下。

见其学有所成，怀晖鼓励义中离开师门，继续探索。

五 愿此钟声超法界，
铁围幽暗悉皆闻

怀晖虽说重要，但马祖名气最大的高徒实则另有其人，他们被称作"洪州门下三大士"，西堂智藏（738年—817年）即为其中之一。

这日，马祖派智藏到长安给慧忠送信。

慧忠同南岳、青原、神会等四人并称慧能门下的"五大宗匠"，是马祖的师叔。他曾在邓州（今河南县级市）的白崖山住庵，四十余年不下山，道行闻于帝都。后应诏入都，受封为国师。就"南禅北传"而言，其功不在神会之下。

一次，唐肃宗问慧忠道："百年后所需何物？"

意即"大师驾鹤西去后需要朕做什么"。

慧忠道："与老僧作个无缝塔。"

肃宗道："请师塔样。"

慧忠良久方道："会么？"

肃宗道："不会。"

世间岂有无缝之塔？然而，世上没有并不代表心中就没有。心塔一尊，得无上清凉，更于何处觅三觅四？

慧忠欲切断肃宗的尘劳思维，让他明白需悟得现实所无，心中所有，方可算进阶。

可惜肃宗不能会意，无法粉碎现实逻辑，始终为感官所缚。

相比之下，智藏的悟性还是要高一点点。

见到师兄（南岳）的徒孙，慧忠备感亲切，不免考较一番。

"你师父说的什么法？"

智藏不语，只默默地从东走到西，而后站在原地不动。

慧忠道："就这？还是另有别的？"

智藏又从西走到东，垂手而立。

慧忠道："这是道一（马祖）的，你的是什么？"

智藏道："已经告诉您了。"

由此可见，智藏谨守马祖之道，不敢越雷池半步。

智藏俗姓廖，13 岁拜马祖为师，在西里山（位于今江西抚州）学了十几年，25 岁才受具足戒，正式成为僧人。

一天，马祖问智藏道："你一天到晚怎么不看经书啊？"

智藏反问道："我为什么要看经书呢？经书上的内容和意旨，难道和师父所讲的以及我所悟的有什么不同吗？"

马祖道："话虽如此，你以后也是会当老师的，经书上的内容还是应该都了解，这样才能更好地教导学生。"

智藏道："我能静心自养就不错了，哪还敢去教授弟子呢！"

马祖道："你晚年必兴旺于世。"

后来，马祖离开西里山，携智藏去赣县弘法。

除授智藏佛学外，马祖还让他担任寺里仅次于住持和首座的"西堂"。因此，智藏在禅宗典籍中被尊称为"西堂智藏"。

公元 773 年，洪州刺史路嗣恭派人请马祖主持佑民寺。此时的智藏早已学业大成，见师父将去洪州，便请示他让自己留下来弘法。

马祖乐见其成，当场拿出作为传法信物的袈裟，付与智藏。

此举意义非凡，因为自六祖慧能圆寂以来，传衣钵的仪式便中断了，马祖的师父南岳没有授予信物给任何弟子。

反观马祖，付与智藏袈裟，足见对他的器重，也为其弘法打下无与伦比的舆论基础。

公元 791 年，马祖归寂后的第三年，智藏在众人的恳请下开坛说法，"如寂（马祖）之存"。

听众里有一个年轻人，名叫义中。

"洪州门下三大士"的另一人叫百丈怀海（720 年—814 年）。

"马祖建道场，百丈立清规"，如果说佛教史上有什么划时代的里程碑，"百丈立规"必居其一。

怀海俗姓王，福州人，小时候跟母亲去寺庙拜佛，曾指着佛像道："此为何物？"

母亲道："佛。"

怀海道："形容与人无异，他日我亦当作焉。"

在古印度，出家人是不耕作的，只专心修行。当佛教进入中国后，这种不劳而食的模式备受质疑，经几代僧人不断调整，至马祖道一时，"佛教丛林"开始兴起。

"丛林"者，指聚在一起修行的出家人。

由于大家来自五湖四海，脾性各异，习惯不同，要想和平共处就必须立规矩，设法度，而最早做这件事的便是怀海。

怀海对佛事仪轨、执事职责以及僧众的组织形式都作了详细的规定，并形成共识，以至于佛门后来盛行一句俗语："宁在丛林睡觉，不在小庙办道。"

怀海不仅是"立法者"，还是"执行者"，"一日不作，一日不食"这则禅宗语录就是其践行清规的明证（怀海曾言"我今日未随大家劳作，便不吃饭了"）。

同为马祖的得意门生，怀海与智藏风格迥异。

有僧曾向马祖请教，让他在"离四句，绝百非"的前提下直指"祖师西来意"（达摩从西方来到中国的目的是什么）。

所谓"四句"，即"判断存在与否""区分同一和差异""界定相对和独立"以及"执着于无常和恒常"，"离"就是对四者的超越；所谓"百非"，即"这也不是，那也不是"，通过不断否定来接近真理，"绝"就是不得使用此法。

这就让马祖陷入了悖论：回答吧，未离四句百非；不答吧，有失为师之道。

如此看来，此僧着实讨打，但考虑到上个问同样问题的弟子被马祖唤到近前一脚踹翻，又不得不令人产生同情。

马祖见手脚被他捆得严严实实，踢皮球道："我今天累了，不能给你讲，问智藏去吧。"

该僧乃问智藏，智藏反问道："你为什么不问和尚（马祖）？"

僧道："就是和尚让我来问上座的。"

智藏道："我今天头痛，不能给你讲，去问海师兄吧。"

该僧依言去找怀海，没想到怀海的回答更直接："这题我不会。"

僧无奈，回告马祖。

马祖笑道："智藏头白，怀海头黑。"

头白者，圆滑也；头黑者，无情也——当智藏和怀海在面对无法给出答案的问题时，前者推说"头疼"，留有余地（潜台词"头不疼时或可回答"），后者则断然拒绝，彻底堵死对方追问的可能。

智藏与怀海风格不同，还有一个故事可以体现。"洪州门下三大士"里的最后一位——南泉，也在这则故事里出场了。

禅师常用月亮比自心，满月无瑕即是明心见性。

一天夜里，马祖带智藏、怀海、南泉一同赏月，指着月亮让他们说说看"心如满月时如何？"

智藏道："正好供养。"

怀海说："正好修行。"

南泉拂袖而去，不着一字。

马祖总结道："经入藏，禅归海，唯有南泉，独超物外。"

心如满月"正好供养"，这是佛经上的说法——能明心见性就是对佛最好的供养，因为佛希望众生都像自己一样觉照真我。

由于同佛理一致，故马祖称"经入（智）藏"。

心如满月"正好修行"——管他供不供养的，修行是为了我自己觉悟，跟佛没关系。

由于扫除了"佛"的名相，合于禅道，故马祖称"禅归（怀）海"。

至于南泉，则是装蒜的最高境界——我心中没有经，没有禅，也没有什么满月。不执着于任何事，走到哪算哪。

六 微尘映世界，瞬间含永远

禅门公案里的南泉时而搞笑，时而峻烈。

一次，他和同门归宗、麻谷一起去长安参访慧忠。半道上，南泉忽然横生意趣，在地上画了个圈。

归宗、麻谷知道南泉又在出题，一个想都不想便一屁股坐进圈里，俨然唐僧；另一个同样不假思索，扮个女人鞠了一躬。

见两人率真而为，行云流水，洒脱无碍到已有高僧大德的气象，南泉不禁道："这么看来，不去（见慧忠）亦可。"

归宗不干了，急道："你这是什么搞法？"

还有一次，南泉见寺院东西两堂的和尚在争一只猫，皆说它是自己这边的。南泉一把将猫夺过，道：

"你们都说说，说得出来我便不杀它，说不出来我就把它劈成两半"。

这是南泉在逼他们顿悟——唯有电光石火的一刹那，人才可能用"现量"（不介入思维和概念，当场如实呈现境界）而非"比量"（由已知的事理，推度未知的事理）来思考问题。

要么生（说得出），要么死（说不出），修禅绝不是请客吃饭。每一次念头的闪现都是一场爆炸，修行者从爆炸中得到的意识可能是某种余悸，也可能是某种灰烬。把它炸掉，又得到一堆余烬。一层一层地炸，最终达到禅的境界。

因此，一个真正的禅师，无时无刻不在提撕自己，每天都在心识的大爆炸中轰轰烈烈地度生死关，就像王阳明称他的学说是"从百死千难中得来的"一样。

慧可"断臂求法"的故事前文已叙，其实他死时的情形更悲壮——由于有人说他传的是邪教，时已一百多岁的慧可被县令翟仲侃当众砍头，尸身抛于河中，全城百姓围观。

正因慧可的献祭，禅宗才在中土扎下了根，达摩东渡才不是白跑一趟。由此观之，传法需要代价，超越生死方能明悟。

可惜，南泉的苦心落空了——和尚们错愕之余，相顾无言，浪费了宝贵的开悟之机。

于是南泉一刀劈下，为禅宗贡献了公案"南泉斩猫"。

当然，猫是无辜的，但它的生命并没有白费，而是被南泉拿来祭禅宗这面大旗，获得了某种永恒。

生死事小，开悟事大。若不开悟，行尸走肉，虽生亦死；若已开悟，意识不朽，虽死犹生。因此，斩猫实为斩念，实为活人之法。手起刀落，执念成空。

更难能可贵的是，南泉的时机把握得很好。

凡事皆有"机"，春耕夏耘，秋收冬藏，时机一过事事非。

当机立断是天道，北齐（南北朝）的开国皇帝高洋因此留下"乱者当斩"的名言（高洋少时，其父高欢为考查六子，各给他们一团乱麻，看谁先理顺。其中五子一根一根地理，手忙脚乱，唯高洋拔剑斩之。高欢惊奇发问，高洋即以"乱者当斩"对之）。

为止众僧口业，南泉不惜自背杀业，其明利果决，深得马祖真传。

马大师教人，天马行空，手脚并用。一日，怀海随他在河边散步，眼前飞过一群野鸭。

马祖问道："是什么？"

怀海道："野鸭子。"

"去什么地方了？"

"飞过去了。"

马祖闻言，一把揪住怀海的鼻子，令他痛得大喊起来。

"何曾飞去？"

马祖道。

怀海一愣，悟了：世界虽大，但并无东西南北之分。

一切众生，悉有佛性。佛性不离万法，不离现象世界，用苏东坡的话说便是：

溪声便是广长舌，山色岂非清净身。

夜来八万四千偈，他日如何举似人。

既如此，何曾有"飞来"与"飞去"的差别？马祖手到病除，成功帮怀海破除执迷。

得道的怀海开始扮演布道的角色，在某僧问他"什么是奇特之事"时，回以"独坐大雄峰"。

大雄峰即江西的百丈山，这只是个比喻，并不重要，换成"独坐珠穆朗玛峰"亦可。

禅论之所以可解又不可解，盖因禅宗的悖论就是"立文字，则道远；离文字，则道湮"。

立文字，是以可解，却不可传人（过于具体，丧失意味）；离文字，故不可解，亦无法传世（过于抽象，难以保存）。

因此，禅宗的趣旨在"不立不离，勿忘勿助"之间。所谓"不立不离"，即一边行文，一边破除文字障，随说随扫；所谓"勿忘勿助"，即心中不要忘记，但也绝不助长，保持自然。

法可启而不可说，因为其无形无质，非师能授，端赖自悟。这就是为何怀海经常用一个问题考校弟子："把喉舌关闭，不许发声，你还能说话吗？"

如此绝境，只能靠"心语"，而法非从自心汩汩流出，不是真谛。所以，以心印心即是说法，与喉舌了无关系。

佛不渡人，唯人自渡。"独坐大雄峰"就是让人靠自己，截断思维，破除习惯，简言之：去蔽。

少一分杂念便多一分信念，全是信念时，信念恰恰无——全念即无念，因为已彻底剔除认知过程中隐含的各种判断。

念佛至无念之境，打坐至无念之境，做事至无念之境，方见真如（万物的真相或本然状态）。

凭借这种自作主宰，自我担当的精神，怀海制定了《禅门规式》（即《百丈清规》），呼吁"上下均力，开荒耕作"，使聚集在寺院的僧众有了约束和秩序，禅宗的势力迅速扩大。

可惜，原版的《禅门规式》已经失传，现存的《百丈清规》是历代不断修订的结果（比如元顺帝曾下旨重编《敕修百丈清规》并颁行全国）。

七　射石隐羽

经怀晖、智藏、怀海三位师父施教，义中领悟了禅宗要旨，即将敞开胸襟，迎接生命里的第一场考验。

它来自一个被马祖点化削发的禅师——石巩。

在日本的东京国立博物馆，一张名为《石巩张弓》的古画静静地向观众诉说着一段禅门往事。

抚州人石巩，出家前以捕猎为生。彼时，马祖正好在抚州结庵，石巩某日追逐野鹿，从其庵前经过。

鹿不见了踪迹，石巩向马祖打听。

马祖道："你是何人？"

石巩道："猎人。"

马祖道："你懂射箭吗？"

石巩道："懂啊。"

马祖又问："你一箭射几个？"

石巩如实道："一个。"

马祖笑道："你不懂射箭。"

石巩反唇相讥："难道和尚你懂？"

马祖点头。

石巩不服道："你一箭射几个？"

马祖正色道："射一群。"

石巩一愣，觉得太残忍，不禁道："彼此都是生命，何必射它一群呢？"

马祖反问道："你既知彼此都是生命，为何不射自己？"

石巩恍然大悟：人皆自贵其命，却无视他人性命，盖因不能反观自照。

用陆游的《戒杀诗》说即是：

血肉淋漓味足珍，一般痛苦怨难伸。

设身处地扪心想，谁肯将刀割自身？

道理是懂了，可知道做不到，等于不知道，石巩不由得轻叹："自射总是没个下手之处啊。"

马祖见机缘已到，断喝道："你这汉子，自出世以来的各种无明烦恼，今日可算断除干净了！"

石巩闻言，抛下弓箭，拜马祖为师。

论名气，石巩不如其师弟西堂智藏，但在打机锋方面却不遑多让。

一天，石巩问智藏："你知道怎么捉住虚空吗？"

智藏道："知道啊。"

说着，把手伸向空中，作捕捉状。

石巩笑道："看来你不懂啊。"

智藏道："那师兄你说，该怎么捉？"

石巩一咧嘴，蓦地去拽智藏的鼻子。

智藏吃痛，哇哇乱叫，石巩罢手道："虚空必须这么捉才行！"

摸了摸红肿的鼻头，智藏顿悟道："多谢师兄指点！"

原来，智藏用手去抓虚空，说明他仍把虚空视作"实相"，这跟很多学佛的人一样，以为闭目打坐就是参禅，殊不知必切身疼过一次后，才算入门，正所谓"能说服一个人的，从来不是道理，而是南墙"。

这天，石巩正在厨房忙活，马祖进来道："你在做什么？"

石巩道："牧牛。"

马祖又问："你是如何牧牛的？"

石巩道："及时拽缰绳，防它吃庄稼。"

马祖赞道："你真会牧牛！"

牧牛在佛门指"调理本心"，是修行的代名词。石巩认为下厨即修炼，马祖则通过明知故问，看出他在"调心"方面已经能够出师。

离开马祖后，石巩结庐三十载，接待访客的形式很有特色。

这日，义中往谒，刚进门便听见一声大喝："看箭！"

定睛一瞧，只见石巩张弓搭箭，对准了自己。

一般前来拜师的看到这种情景，只会手足无措，胆小的更是落荒而逃。没想到义中若无其事，从容地将禅杖放到一边，解开衣襟，以胸迎箭，淡定道：

这是杀人之箭，活人之箭该怎么射呢？

石巩见状，收起弓箭，叹息道："三十年了，如今只射得半个圣人。"

义中疑惑道："如何才能算全圣呢？"

石巩不答，弹了三下弓弦，将弓箭折断后弃置一旁。

此即禅宗公案"三平受箭"。

首先，石巩成天作势射人，潜台词是"直指人心"，这说的是南禅的核心理论——见性成佛。自性即佛性，包含一切，用慧能的话说便是"何期自性，本自清净；何期自性，本不生灭；何期自性，本自具足；何期自性，本无动摇；何期自性，能生万法"。

其次，义中看懂了，但没全懂——祖胸说明他仍把"心"当作具体的器官而非抽象的禅心，向石巩讨教"活人箭"说明他还在"枝枝叶叶外头寻"，故石巩说"射得半个圣人"。

最后，石巩弹弓又毁弓，弦外之音是"不要把注意力放在心外（弓的响动）"。不是风动，不是幡动，而是心动。这是在回答"如何算全圣"，可当时的义中还没有完全领悟。

不过，从断弓的举动不难看出，石巩并不打算再玩这套行为艺术了，因为"钓尽江波，金鳞始遇"，他等到了义中。

据说，石巩一生只收过两个弟子，要求极高（不是半个圣人入不了门），义中在他门下八年，尽得真传。

眼看已教无可教，石巩指点义中前往潮州，拜见灵山寺的大颠禅师。

八 快活枕石头，天地任变改

大颠宝通（732年—824年）生于广东潮州，祖籍颍川（今河南县级市禹州），同"唐宋八大家"之首韩愈是老乡（两家相距100多公里），后世之朱熹、周敦颐、欧阳修都对其有过研究，王安石更是在一首送别诗中推崇道："有若大颠者，高材能动人。"

大历元年（766年），大颠拜有"诗僧"之称的惠照（南岳徒弟，慧能徒孙）为师，后又转参石头希迁，成为其法嗣（继承学说的入室弟子）。

石头的门人大多个性鲜明，比如丹霞（本是赶考的儒生，在旅店客人的建议下半路出家）与药山（曾对马祖说"我在石头那，就像蚊子上铁牛"）。

一次，丹霞跑到洛阳的慧林寺修行，由于气温骤降，衣服带少了，他冷得瑟瑟发抖，最后竟把殿里的木佛抬下来烧了取暖。住持得知后气坏了，问他要闹哪样。

丹霞振振有词道："我烧舍利子。"

寺主愈怒："木佛怎会有舍利子！"

丹霞道："既然没有，那就多烧两尊。"

世称"丹霞"为"丹霞天然"，"天然"乃其法号，得名于有一回他在僧堂中骑佛颈而坐，马祖见之曰："我子天然。"

药山也不是省油的灯，跟韩愈的学生李翱关系匪浅。

李翱初任朗州（今湖南常德）刺史时，曾多次派人上山，请药山进城供养，均被拒绝。无奈之下，他只好亲自前往。

谁曾想，药山在见到李翱后"执经卷不顾"，完全把他当成空气。李翱的侍者见状，大声道："太守在此！"

药山眼皮都不抬一下。

李翱不快道："见面不如闻名。"

须臾，药山突然道："李翱！"

李翱下意识地应了声。

药山道："太守何贵耳贱目？"

李翱震惊不已，因为他意识到"李翱"这个发音已跟自己牵绊上了，只要听见就会产生条件反射。

事实上何止李翱，"安立名言"（给事物冠名）是人类每天都在做的事。当我们对某个事物这么做时，本质上就是在固化它（强调其"常一不变"与"独立存在"），而佛陀告诉我们，世间并没有常一不变和独立存在的事物，比如一个孩子从生到死，本是不断变化的过程，可他妈妈非要给他安立个名字"张三"——上幼儿园时是张三，上大学时也是张三；参加工作了是张三，到死那一天还是张三。再比如，我们称之为"车"的那个物体，不过是各零部件的组合而已。如果去车间看看流水线就会发现，"车"的成型，并没有产生什么新的东西，只是必要部件的固定搭配。

解构名言（离言），方能打破"假有"（误以为有，其实没有）。想到这里，李翱拱手相谢，毕恭毕敬地请教道："什么是道？"

药山指了指天，又指了指眼前的净瓶，道："懂吗？"

李翱道："不懂。"

药山道："云在青天水在瓶。"

道在天上的云中，瓶里的水中。

李翱闻言，当场有"暗室已明，疑冰顿泮（融化）"之感，于是作赠诗两首，其中一首颇为明嘉靖帝所喜：

练得身形似鹤形，千株松下两函经。

我来问道无余说，云在青天水在瓶。

在药山的启发下，李翱写了部《复性书》，称"人之所以为圣人者，性也；人之所以惑其性者，情也。喜、怒、哀、惧、爱、恶、欲七者，皆情之所为也。情既昏，性斯匿（邪恶）也"。

李翱所谓的"性"即佛家之"本心"，所谓的"情"即佛家之"无明烦恼"。性为情惑，即"本心"为"无明烦恼"所蔽。

同时，李翱认为"百姓之性，与圣人之性，弗差也"，这跟佛门的"众生与佛皆具清净圆觉之本心"不谋而合。再对比朱熹"性者，心之理；情者，心之用"的观点，不难看出，《复性书》吸收佛学，改造儒学，是宋明理学的滥觞。

儒学为什么需要改造？因为它过于关注家国，是一套治理社会的伦理和规则，却甚少涉及精神层面，几乎不思考生死与心性的问题。

而宋明理学在吸纳了很多佛教理念后，儒学才愈发深刻，有了形而上学的底蕴。

除与李翱的交往，药山最为人知的事便是不让弟子读佛经。

然而他自己却经常看。

一次，药山又在看经，弟子发现后道："和尚寻常不许人看经，为什么却自看？"

药山道："我没看，我是拿经书遮住眼睛而已。"

弟子的心里估计已翻起了白眼，问他自己能不能看。

药山道："若是你，牛皮也须看透。"

意即：你会无休无止地读下去，最后忘记明心见性的本旨。

大颠是同丹霞、药山一起拜石头为师的，石头当场问了他一个问题："哪个是你的心？"

这是当时比较常见的问法，后来随着大家对高僧的机锋越来越熟，卷了起来，流行的问法就变了，愈加晦涩。

然而就是这么一个寻常的发问，大颠的回答却了无新意："正在跟你说话的便是（我的心）。"

果然，石头很不满意，将之赶出丈室。

大颠苦思多日后，又去见石头，问道："前者（言语）既不是，那什么才是？"

石头道："除却扬眉瞬目，把心拿给我看。"

意即不通过表情，将心念呈现出来。

大颠想了想，道："无心可拿。"

石头高声道："本来有心，何言无心？如果无心，尽是谤法（对正法的诽谤）！"

大颠沉思片刻，顿悟了：见闻觉知都是"相"，执着于相即执着于虚妄，执着于痛苦。不过，禅心固然离一切相，但不可因此便执着于"无"，否则又会陷入"空执"（见山不是山，见水不是水）。

一言以蔽之：禅是"不立文字"又"不离文字"的。同理，心体一方面离不开它的发用（视、听、言、动），另一方面又不可把在世俗生活中发挥作用的心视作心之本体。

不执着于"有"，也不执着于"无"，正所谓"肉眼看假，慧眼观空，法眼见中"，又所谓"鹤立雪中，愚者看鹤，聪者观雪，智者见白"。

收大颠为徒后，为进一步点拨他，石头趁其在旁侍立时问道："你是参禅僧？还是州县白蹋僧？"

参禅僧就是正儿八经学佛的，州县白蹋僧就是在各地流窜化缘的。

大颠当然说自己是参禅僧。

于是石头追问："什么是禅？"

接下来又是段公案，师徒俩词锋滔滔，讨论的宏旨无非《金刚经》里的"如来所说法，皆不可取，不可说，非法，非非法"。

意即：如来所讲的佛法都是不可执着，也不可言说的，既不是法，也不能说不是法。

佛法高深，深感"无物堪比伦，教我如何说"的佛陀为导引凡夫，不得不"假名安立"，用普通人听得懂的语言搭建一条捷径（所以《金刚经》里总是强调"佛说××，即非××，是名××"）。可惜，凡夫听了这套说辞后，不去亲证，反而像孔乙己炫耀"茴香豆的'茴'字有四种写法"一样，执佛说为实有，形成新的障碍——法相。

当然，凡夫总是不缺"二极管思维"——既然"法相"不好，那我干脆主张"佛陀就不该说法"。

问题是因噎废食的话，众生便更难解脱了。因此，对待佛法最好的态度应是将其当作过河的交通工具，千万不可坐在筏子上研究筏子。

大颠开悟后，去罗浮山的瀑布岩禅修。一日，御史张远凡登山游玩，仆从如云，看见寂然打坐的大颠后，他走了过去。

张远凡不可一世惯了，认为大颠应趋迎自己，哪料对方竟不闻不问，旁若无人。

怒从心头起的张远凡拔出佩刀，作势欲砍，不意大颠毫无惧色，还绵里藏针道："何方贵客，谈禅演偈何必操刀？"

张远凡厉声道："大胆狂僧，目中无人，死到临头，还不自知！"

大颠淡定道："贫僧安然悟道，何碍贵客？"

张远凡冷笑道："祸福无门，唯人自召。"

大颠把脖子伸到刀边，道："想必贵客明白，佛经上说'欲知前世因，今生受者是；欲知后世果，今生作者是'。贵客杀贫僧，或许是前生我与你结仇了，今世得报。如若不然，你今杀我，将来也会得相同的报应。"

张远凡自觉惭愧，无言以对，收起佩刀后怏怏离去。

不久，大颠回到潮州，发现西郊的幽岭山清水秀，林木茂密，连称"此乃佛门胜地"。在乡亲的帮助下，经数年努力，他创建了灵山寺，山民见其出入寺庙，常有猛虎相随。

大颠开演佛法，首句便是："夫学道人，须识自家本心。将心相示，方可见道。"

听众连衽成帷，举袂成幕，聚精会神地听大颠普及石头禅法，生怕错过任何细节。

石头的学说，无非是对慧能的继承和发展，归纳起来便是：无论凡圣，人人皆有佛性，它就是我们那颗离"断常"（断见和常见）、非"垢净"（无善无恶）、湛然圆满、应用无方的自心，森罗万象都是它投射出来的幻象（"三界六道，唯自心现"）。由于体悟到了它就体悟到了世界的本源（万物一体，构成人的基本粒子可以追溯到宇宙大爆炸之初），故人应自修自悟，不假外求。

九　颠来倒去

作为大颠的法嗣，义中虽未留下任何著作，只有几条语录传世，但从现存的《碑铭》（《漳州三平大师碑铭并序》）与《行录》（《漳州三平山广济大师行录》）中不难窥见其思想。

话说义中参拜大颠，是受了石巩的推荐。初见之时，大颠道："脱掉身上的马甲。"

义中立刻放下行李，呈上石巩的推荐信。

大颠览信，发现石巩对义中评价很高，当场收他为徒。

潜心修了段时间后，义中想起石巩当初拿箭射他的场景，其中尚有疑问，忍不住向大颠请教。由于清楚这帮高僧说话云山雾罩，他还专门强调："师父不用指东画西，便请直指。"

大颠依然故我："幽州井口石人蹲。"

义中叹道："还是指东画西。"

大颠继续道："若是凤凰儿，不向那边讨。"

义中一愣，茅塞顿开。

原来，两人身处南方的潮州，大颠却非要提北方幽州八竿子打不着的石雕人像（多置于墓道旁），这不是故意叫板吗？

然而，后一句"若是凤凰儿（你若是个有出息的和尚），不向那边讨（就不要去管幽州不幽州，向你自己讨答案就行了）"登时令义中彻悟——石巩当初弹弓又折弓，是在提醒自己"心外无物"，当反观自家心性。

转迷成悟，才能离苦得乐，追随大颠的义中逐渐达到"妙造空中，深了无碍"的境界，并迎来一个特殊的访客。

韩愈（768年—824年），字退之，"文起八代之衰，道济天下之溺"的文学家、思想家，也是唐代崇儒反佛的代表人物。

汤用彤在《隋唐佛教史稿》中写道：

文公一生，志与佛法为敌，尝以孟子辟杨、墨自比。

范文澜在《中国通史》中也称：

韩愈是古文运动的首领，古文运动不仅是反对陈腐的今体文（骈四俪六的唐代官场公文），更重要的是力图复兴极衰的儒家学说，推翻声势极盛的佛道二教。

元和十四年（819年），凤翔（今宝鸡市辖区）。

法门寺。

寺中的"护国真身塔"藏有释迦牟尼的一根指骨，塔"三十年一开，开则岁丰人泰"。这年正月，好佛的唐宪宗一早便派使者前往法门寺，等待开塔，奉迎佛骨。

长安。

佛骨在宫中供奉三日后，被送到各大寺庙供人瞻仰，一时间京师震动，据《旧唐书》记载：

王公士庶，奔走舍施，唯恐在后。百姓有废业破产，烧顶灼臂而求供养者。

时任刑部侍郎的韩愈看不下去，写了篇《论佛骨表》进呈宪宗。

在这道斥佛檄文里，韩愈开门见山地抛出论点——佛不足事。他历数从上古到魏晋南北朝的诸多帝王，对比后得出结论：不信佛却长寿者比比皆是，信佛而运祚短暂者亦比比皆是。

这倒并非危言耸听，"吴王好剑客，百姓多疮瘢。楚王好细腰，宫中多饿死"，皇帝信佛信到一定程度很可能祸国殃民，比如武则天为巩固统治，大修寺院，耗资惊人，再比如唐肃宗把道场建到皇宫里，应对贼人叛乱的方法竟是让和尚诵经。

而宪宗迎佛骨这次，更是举国若狂，万人空巷，把韩愈气得大骂道：

夫佛本夷狄之人，与中国言语不通，衣服殊制。口不言先王之法言，身不服先王之法服。不知君臣之

义，父子之情。假如其身至今尚在，奉其国命，来朝
京师，陛下容而接之，不过宣政（大明宫里的一殿）
一见，礼宾（礼宾院，外交部礼宾司）一设，赐衣一
袭，卫而出之于境，不令惑众也。况其身死已久，枯
朽之骨，凶秽之馀，岂宜令入宫禁？

最后，他要求将这根佛指骨"投诸水火，永绝根
本，断天下之疑，绝后代之惑"。

韩文虽有点情绪化，但佛教在当时确实对社会造
成很多负面影响。

首先，寺庙无序扩张，占用耕地。

其次，寺院不纳税，很多平民因此寄生于佛图，
导致政府税源骤减。

最后，大量的铜都被拿去造佛像，以至于民间不
得不用铁钱进行交易。铁的价值低，背一麻袋也买不
了几个东西，影响商品流通。

种种弊端，该说的时人都已说过，韩愈的揭露并
没有更深刻，正如其好友柳宗元所言，他只是辟了佛
的"迹"，而对佛义并无了解（"忿其外而遗其中，
是知石而不知韫玉也"）。

直至他遇到大颠。

话说唐宪宗览毕《论佛骨表》，勃然大怒，要砍韩愈脑袋，经朝臣劝说才留他一命，贬为潮州刺史。

春节还没过完，韩愈便拖家带口从长安出发了。一路风雪交加，他那年仅 12 岁的女儿竟因惊吓和劳累惨死在驿道旁。

蓝田关口，大雪皑皑。

侄孙韩湘前来送行，悲痛欲绝的韩愈写了首诗给他，末句已有交代后事之意：

一封朝奏九重天，夕贬潮州路八千。

欲为圣明除弊事，肯将衰朽惜残年！

云横秦岭家何在？雪拥蓝关马不前。

知汝远来应有意，好收吾骨瘴江边。

潮州在唐代是标准的边穷地区，文化落后，读书人屈指可数。韩愈抵潮后，连个说话的人都找不着，异常苦闷，不禁问左右"此间有何大德"，得到的答案是"大颠"。

韩愈虽排佛，但对事不对人——他敬重德才兼备的高僧，且有诗（《送僧澄观》）为证。大颠之名他曾有耳闻，听说还是河南老乡，乃遣人邀其一晤。

可惜三请皆不赴。

于是韩愈借出海之机，顺道前往灵山寺。

初见大颠，韩愈问道："请问和尚春秋多少？"

大颠不急不缓地捻起手中的佛珠，道："会么？"

韩愈道："不会。"

大颠抛出一句"昼夜一百八"后，便不再理会韩愈。

回到衙门的韩愈百思不得其解，翌日又去请教，在山门偶遇首座（仅次于方丈的寺僧，相当于船上的"大副"），说起昨天情景，想看他有何见教。

首座敲了三下自己的门牙后离开了。

见到大颠的韩愈，重提昨日话头，没想到他也叩齿三下。

"原来佛法无两般，都是一样的。"

韩愈喃喃道。

大颠问他何出此言，韩愈称"适才问首座亦如是"。

于是大颠招来首座，道："是汝如此，对否？"

首座道："是。"

大颠二话不说，把首座打出门外。

禅宗传道要靠语言文字，可语言文字又会成为禅悟的束缚，到头来二者相互依存却相互排斥。为此，禅师们不得不答非所问，搞启发式教学，比如韩愈问大颠多大年纪，大颠却反问他会不会盘手串。

问岁数是对时间做核算，殊不知时间无始无终（佛教轮回观），就像串成一环的念珠。

见韩愈没懂，大颠只好说："我日日夜夜就这一百零八（粒珠子）。"

换言之，佛无春秋之数，我亦无年纪可言。你现在看到的就是我的全体，日夜如斯。

可惜韩愈还是不懂，这才有了次日的"首座叩齿"。

齿者，年齿也，敲三下代表"过去""现在""未来"，表达的仍是"循环流转"。首座看似给出和大颠一样的答案，但大颠当着韩愈的面一问，立刻便试出了他道行尚浅，只是在逞口舌之能（首座答"是"，是说破禅机，失却"破执传心"的妙境），被杖逐也就不奇怪了。

十　古之学者必有师

　　同韩愈熟络起来后，大颠应邀进城，在大稳庵（后更名为叩齿庵）住了十几天。期间，韩愈向他请教"有无佛光"的问题（韩愈被贬，除因《论佛骨表》，还由于佛指骨进宫时宪宗和群臣皆云"看见佛光"，只有韩愈拒绝承认）。

　　大颠自然不会说"佛光是一种物理现象，又叫'日晕'"，而是给出一个佛家的答案：佛光无相，若能识得，则不为一切"至凡虚幻"所惑。

　　不久，大颠准备回山，临行前留了首偈子：

　　辞君莫怪归山早，为忆松萝对月宫。

　　台殿不将金锁闭，来时自有白云封。

我住的地方，山间有松萝，明月当空照，殿门无须上锁，云卷云舒即是最好的保护。因此，你不要怪我这么早就告辞了。

韩愈意犹未尽，又跑去灵山寺求教，一见大颠便道："弟子军州（指潮州）事繁，请将佛法精要处，乞师一示。"

大颠在禅床上打坐，良久无语，空气里都是尴尬的味道。

此时，侍立在侧的义中用木槌敲了三下禅床。

大颠睁眼，盯着他道："你干嘛？"

义中道："先以定动，后以智拔。"

定（禅定）者，止妄也，动摇烦恼；智（智慧）者，觉悟也，拔除烦恼。前者是知道真理，后者是参悟真理，体用一源，相辅相成，乃明心见性的基本功夫。

面对提问，大颠故意不言，其实就是一种回答，即"以定动之"；而义中主动打破沉默，敲床三下，则是"以智拔之"。

茫然无措的韩愈听义中这么说，展颜道："和尚门风高峻，弟子于侍者边得个入处。"

义中道破禅机，把话说得很白，韩愈悟性再差，对《大学》里的类似表述（"定而后能静，静而后能安，安而后能虑，虑而后能得"）也是极熟的，故自喜摸到了门路。

韩愈离开后，大颠告诉义中："你这是害了他。"

义中不解。

大颠道："有学问的人喜欢拿道理来作注解，很多时候反倒不易得悟。自认为懂了，实则还是不懂。"

的确，病字头下面一个"知"便是"痴"——知识多了，反而病了。大颠希望韩愈有所亲证，能够实修，"因戒生定，因定生慧"（严格持戒即可心定，定则照见一切，智慧渐生），而不是停留在"以理自胜"的层面，陷入理障。

在潮州待了八个月后，韩愈接到调令，迁任袁州（今江西省宜春市）刺史。临行前，他到灵山寺向大颠告辞，并留衣为别（此地今存"留衣亭"一座）。

这段佳话为人津津乐道，比如北宋周敦颐就曾作诗：

退之自谓如夫子，原道深排释老非。

不识大颠何似者，数书珍重更留衣。

黄庭坚亦道：

退之见大颠后，作文理胜，而排佛之词为之沮
（终止）。

近人赵朴初更是在访灵山后留诗云：

禅师能智又能悲，肯下灵山晤退之。

不是辩才兼定力，怎教文伯为留衣？

后世都如此，时人纷传贬谪岭南的韩愈已"悔过
信佛"便不奇怪了。

为澄清谣言，韩愈在《与孟尚书书》中详述道：

有人传愈近少信奉释氏，此传之者妄也。潮州时，
有一老僧号大颠，颇聪明，识道理，远地无可与语者，
故自山召至州郭，留十数日，实能外形骸以理自胜，

不为事物侵乱。与之语，虽不尽解，要自胸中无滞碍。以为难得，因与来往。

孟尚书就是当过御史中丞的孟简，平生嗜佛，译过佛经。在给他的这封回信的末尾，韩愈明确道：

及来袁州，留衣服为别，乃人之情，非崇信其法，求福田利益也。

对此，苏轼后来总结道：

韩退之喜大颠，如喜澄观、文畅之意，非信佛法也。

事实上，在离开潮州后的第五年韩愈就死了，死前还有个离奇的举动，即召集了帮僧人，称"药石罔效，今将病死"，然后伸出双手双脚让他们检视，证明自己并非死于麻风病（得麻风在佛教被视为恶人所遭之报应）。

为什么会有此担心呢？

白居易写过一首《思旧》诗，回忆中年夭亡的元稹、杜牧等老友，写到韩愈时他说："退之服硫磺，一病讫不愈。"

魏晋以来，服散服丹在上层社会蔚然成风。据学者余嘉锡考证，从正始（曹芳年号）到天宝（唐玄宗年号）的五百年间，服散者多达数百万，因此殒命者数十万。

韩愈纵使怀疑丹药之用，但一来受圈子影响，二来"越老越怕死"乃人之常情，故不能免俗地将其当作保健品吃了起来，且既不经火炼，亦不采用流行配方，而是以硫磺喂鸡，然后吃鸡，属于间接服用。

慢性硫磺中毒的主要症状是湿疹，而麻风病人的皮肤也经常出现斑疹和丘疹。韩愈至死不信佛，同僧徒较劲，故将他们唤到跟前，免得身后被佛门造谣说"死于麻风"。

十一　匕首投枪，除恶禅杖

除"一句之师"外，在民间传说中，义中还曾帮韩愈驱逐鳄鱼。

潮州多瘴疬，北方来人基本水土不服，比如五十出头的韩愈。在《潮州刺史谢上表》中，"忧惶惭悸"的他写道：

州南近界，涨海连天；毒雾瘴氛，日夕发作。

恶劣的环境外加天高皇帝远，令潮州官场的腐败之风比别处更盛，"越穷越贪，越贪越穷"。

初至潮州的韩愈发现自己根本无力改变现状，但又不甘心躺平，故每天都很焦虑，直到义中的"先以定动，后以智拔"启发了他——既然千头万绪，一筹莫展，那就从身边最紧要的事抓起吧。

彼时，鳄鱼泛滥，当地百姓因愚昧无知将其当作神灵，不仅不思驱赶，还宰杀牛羊投入江中，祈求"鳄神"保佑。

韩愈东奔西走，苦口婆心地宣讲鳄鱼之害，可移风易俗岂是三言两语就能办到的？

鳄害不除，生存发展便是空谈，而既然问题的根子在人心，那就去找这方面的专家好了。

这天天不亮，韩愈只身来到灵山寺。寺门虚掩，他推门而入，但见一僧正在院中扫地。扫帚轻盈飞舞，每一次落地都苍劲有力。枯叶与尘土聚在一处，僧人四周则一尘不染。

韩愈不禁抚掌道："好，好，好！"

定睛一看，此僧不正是开示过自己的义中吗？于是上前，拱手道："叨扰师父，上次得蒙开悟，受益良多，在此谢过。"

义中还礼道："使君大早光临，有急事么？"

韩愈称来拜见大颠，义中告诉他师父去云游了，归期未定。

原来，大颠算准韩愈会因鳄患来访，而他不愿杀生，故避而不见。同时，他觉察到此事另有机缘，并不在自己这里。

韩愈闻言，满脸遗憾，略表谢意后转身离开。

义中心生恻隐，问道："使君找师父所为何事？"

韩愈回身，表明来意。

义中笑道："使君聪明一世，糊涂一时啊。"

韩愈道："师父何出此言？"

义中问道："木匠以曲尺和墨斗为大，为官者以何为大？"

"大印与手中的朱砂笔。"

"既如此，何不用来对付鳄鱼呢？"

韩愈想了想，表达了他的担忧："若鳄鱼冥顽不灵，不听劝告，该当如何？"

义中被韩愈打动，道："僧人以手中的锡杖为大，锡杖既可防身护法，也能降妖伏魔。若那鳄鱼精顽固不化，便休要怪我不客气了。"

受到鼓舞的韩愈回衙门后一气呵成，写下一篇《祭鳄鱼文》，并盖上鲜红的官印。

翌日，一众官员和弓箭手随韩愈来到恶溪（梅江）。岸边人山人海，观者如堵，韩愈有条不紊地摆好香案，点燃香烛，朗诵《祭鳄鱼文》。

文末，他声色俱厉地警告鳄鱼：七天之内务必迁走，否则将挑选善射之人，赶尽杀绝。

语罢，韩愈命人将事先准备好的猪、羊投入水中，似乎是想让鳄鱼最后大快朵颐一顿，心甘情愿地离开。

七天一晃而过，恶溪里的鳄鱼非但没走，还变本加厉地破坏庄稼，捕食家畜。

于是，五百名弓箭手在韩愈的率领下来到江边，严阵以待。

鳄鱼心怯，纷纷潜入水中，可不一会儿便有几头胆大的探出脑袋，肆意挑衅。

韩愈一声令下，万箭齐发。

恶溪波涛汹涌，血浪翻滚，无数鳄鱼成为箭下亡魂，空气里弥漫着令人作呕的血腥味儿。

义中看不下去，手拄锡杖走到岸边，朗声道："阿弥陀佛。鳄鱼们听着，速速离去，不要再为害乡民，否则灭顶之灾即在眼前。"

话音方落，恶溪便掀起惊涛骇浪，两头身形赛似舟船的巨鳄张着血盆大口恶狠狠地向人群扑来。

义中上前迎战，被二鳄夹在中间。他挥舞锡杖，愈战愈勇，直杀得天昏地暗。

终于，二鳄力竭，死于义中杖下。

当晚，大雨滂沱，雷电交加，一众鳄鱼仓皇而逃。

义中回寺，准备向师父汇报，没想到大颠早就站在院中候他。

没等义中开口，大颠便呵斥道："孽徒，不遵师命，大开杀戒，此间丛林已容不下你，赶快离开！"

说罢，他一把夺过义中手中的锡杖，用力掷向空中，大声道："去吧，它到哪里你就在那里驻锡。"

锡杖向东飞去，义中紧追不舍，来到福建漳州。

在半云峰（今芝山）下，锡杖停了下来，直挺挺地插入土中。义中举目四望，但见此间花果繁茂，景色宜人，不禁起了结庐之意……

传说非信史，奈何正史中并没有韩愈除鳄的详细记录。

不过，结合当地的地理环境和古代的驱鳄之法，可大致推断恶溪之鳄迁走的真相。

一般而言，活跃在潮州一带的鳄鱼主要分马来鳄和湾鳄，前者是淡水鳄，后者是咸水鳄。

据唐末的广州司马刘恂在《岭表录异》中记载，韩愈祷告的当晚，鳄鱼盘踞之潭暴风骤起，电闪雷鸣。几日后，潭水干涸，鳄鱼西徙至六十里外，"自是潮无鳄鱼患"。

搁现在，《岭表录异》肯定会因"宣扬封建迷信"而被出版社退稿，但刘恂还是在简洁的叙述中透露出一个关键信息：西徙。

对恶溪之鳄来说，沿水路向西有两条道，无论哪条都会汇入大海，只有咸水鳄才能做到。因此，韩愈当时驱赶的是湾鳄。

作为冷血动物，鳄鱼会随气温变化而迁徙。相比于淡水鳄，咸水鳄对温度的敏感性更高，任何细微的改变都会导致其迁移。

据统计，在韩愈被贬的819年，华南地区的气温几乎达到过去2000年的历史低点。并且，在韩愈写完《祭鳄鱼文》后不久，一场持续数日的风暴来袭，将温度压至一个更低的位置。

为了活下去，鳄鱼必须迁到更暖和的南方，这才是其"西迁入海，一路向南"的实情。

三十年后，气温回升，鳄鱼卷土重来，并袭击了一个倒霉蛋——被贬为潮州司马的名相李德裕。

李德裕的座船被毁，"平生宝玩，古书图画，一时沉失"。他命随行的昆仑奴打捞，"但见鳄鱼极多，不敢辄近，乃是鳄鱼之窟宅也"。

由此观之，鳄鱼来来往往，盖因天时，同《祭鳄鱼文》没什么关系。

不过，韩愈的工作也发挥了一定的作用，主要体现在投掷猪、羊上。

喂牲畜的目的不是让鳄鱼觉得"吃人嘴短"，而是让它们"吃不了兜着走"——猪、羊在宰杀时，腹中已被放入狼牙棒。鳄鱼虽皮肉厚实，可咽下这样的苦果也只能肠穿肚烂。

二百多年后，沈括作《梦溪笔谈》，收录了一则灭鳄之法：

> 土人设钩于大豕之身，筏而流之水中，鳄尾而食之，则为所毙。

很难说这不是受韩愈的启发，流传至北宋的法子。

十二 生者为过客，死者为归人

　　义中卓锡（驻锡）漳州，并没有传说的（禅杖飞驰）那么玄乎，而是源自大颠圆寂前的嘱托（"往漳郡开化"）。

　　据《行录》记载："宝历初（825年），（义中）遂辞大颠，游于漳水，至于开元寺之后，卓庵建三平真院。"

　　开元寺始建于公元684年，初名已不可考，开元年间奉诏改为此名。它建制恢弘，典藏丰富（包括唐玄宗的铜像以及御赐的金宝牌、金宝轮），在庙宇林立、素称"佛国"的漳州亦是首屈一指的名刹。

　　正因如此，义中开建"三平真院"前，这片区域（开元寺的后墙外）就生活着不少僧人，其中一僧眼高于顶，满嘴跑火车，人称"黄大口"。

黄大口是本地人，对佛学知之甚少，当和尚不过为了混口饭吃，身边聚集着一帮不学无术的钻营之徒。

一天，他带着狐朋狗友来到三平真院，声称要听义中弘法。

义中明知来者不善，还是耐心讲授，当讲到"三摩钵提"的"心定"时，黄大口突然发难道："禅师，心怎么能够定呢？心定之后，佛意要如何进入呢？"

义中看了他一眼，微微一笑，继续讲说。

现场有近二百人，黄大口见义中竟无视自己，乃进一步挑衅道："禅师语塞了吗？要是不懂，就别在这里献丑了。"

义中还是没接话茬。

黄大口下不来台，不禁想起同义中的旧怨来。

原来，义中早就私下规劝黄大口不要信口开河，可他根本不当一回事。一次，他又当众夸夸其谈，义中看见后明知故问道："久仰'大口'尊名，是您吗？"

黄大口道："不敢。"

义中道："口究竟有多大？"

黄大口倨傲道："浑身是口。"

义中笑道："既如此，如何出恭（拉屎）呢？"

众人窃笑，黄大口面红耳赤。

义中的本意是对黄大口小惩大诫，可对方就此恨上了自己。当天，见"要是不懂，就别在这里献丑了"都无法激怒义中，黄大口彻底失态，咆哮道："心不定才会佛法无边。禅师在这里说法，懂的道理还不如我！"

与黄大口一伙的几人跟着起哄，更多的人却已心领神会：不必抹煞外在的声音，而要学会在喧嚣的环境中保持心灵的澄澈——义中以实际行动展现了真正的"心定"，正所谓"参禅何须山水地，灭却心头火自凉"。

在义中的苦心经营下，三平真院的影响力越来越大，慕名前来听讲者渐至 300 多人。收徒传法之余，义中还发扬"亦禅亦医"的传统，救死扶伤，在漳州百姓心中威望日隆。

可惜，天有不测风云。

会昌五年（845 年），韩愈死后 20 年，在唐朝一直顺风顺水的佛教遭遇前所未有的重创。

究其原因，无非崇信道教的唐武宗厌佛。

会昌三年（843 年），昭义节度使（相、卫、贝、邢、洺、磁、泽、潞八个州的军政一把手）刘从谏反叛。次年，宰相李德裕用成德、魏博和河中等镇兵力攻昭，史称"会昌伐叛"。

昭义很快被平定，国库却因此大出血。为解财政之急，在李德裕和道士赵归真的支持下，武宗于会昌五年 4 月下令对全国寺院展开清查。

一个月后，圣旨颁布：长安、洛阳的左、右街各留二寺，每寺限僧 30 人；各郡均只留寺一座，分上、中、下三等，分别对应的僧众数为 20、10、5。

到了下半年，朝廷命各地限期拆除寺庙（包括开元寺）。这一棍子打下去，举国拆寺 4600 多所，兰若（私立的野寺）四万间。

拆下来的建材用于修缮官驿，钟、磬和铜像则拿来铸钱。由于铜像过多，铸币机关竟无法将之悉数熔化。当大量铜币涌入市场后，物价立即出现混乱，以至于后来的唐宣宗不得不下令将部分钱币重新铸成佛像，减少货币投放。

此外，没收的寺产良田达数千万亩，迫令还俗的僧尼 26 万，释放的佛门杂役更是在 50 万人以上。

这些被解放的劳动力可以贡献极为可观的税收，然而武宗还没高兴几天便发现自己捅了大娄子。

佛教在民间除了是一种信仰，还是一套慈善系统。唐代的寺庙往往承担着赡养老弱病残的社会责任，而武宗光顾着灭佛，却没考虑这些弱势群体的生存问题，引发大量人道主义危机，给自己招来排山倒海般的谩骂。

无奈之下，他只好命京城与各州拨出部分土地，利用地租接济鳏寡孤独，把原本由佛寺主持的公益事业转为官办。

除佛教外，祆教、景教和摩尼教也一并受到武宗打击，但损失完全不可同日而语。因此，佛教徒把这场运动称作"会昌法难"。

静则生水，动则生火。法难爆发前半个月，义中的心头升起一股莫名的不祥之感，背部也长满红疮，中医的说法是由火毒引发的痈疽。

断定将有大事发生的他告诉门人，自己要闭关七天七夜。

闭关期间，义中不见任何人，也不吃任何东西，除了喝水就是诵经发愿。

出关之日，他虚弱至极，背上的毒疮完全溃烂。门人本打算告诉他一个噩耗（义中之母去世），见此情形，欲言又止。

纸包不住火，义中终究还是知道了。换好僧袍的他悲痛万分，强撑着想要返回禅房，谁知刚一迈步便因腿软而摔倒，所幸门人搀扶及时，才未受伤。

又是七个昼夜，义中为亡母诵经超度，了却尘世牵挂。

生亦何欢，死亦何苦？

佛经上说，"天下之苦，莫过有身，饥渴、寒热、瞋恚、惊怖、色欲、怨祸，皆由于身"。

的确，活着的时候，身体是我们最大的负担，饿了要喂食，冷了要加衣，生理欲望更是个烧钱的无底洞——躯壳带来的烦恼，远比其给人的喜乐多。

人死之后，不必再伺候色身，饥寒、病痛等肉体折磨一并消失，得到的唯有解脱和自由。

明白这个道理的庄子讲过一则寓言，说他曾在去楚国的路上碰到一具骷髅，晚上枕着它睡觉。

半夜，骷髅进入庄子的梦乡，得意道："人死之后，上无君，下无臣，也没有四时的冷冻和热晒，从容地与天地共长久。这快乐的程度，便是当君王也比不上。"

庄子不信，试探道："我让掌管生死的鬼神归还你的肌肉，恢复你的形貌，送还你的父母、妻子、朋友和乡亲，你愿意吗？"

骷髅不悦道："我怎么会放弃比南面称王还快乐的事，到人间受那些劳体烦心的罪呢？"

庄子把死视作至高无上的安乐之事，临终前还不忘教育试图厚葬自己的弟子，说："我用天地做棺木，日月做玉璧，星辰做珠宝，以世间万物殉葬，还不够丰富吗？还有什么比这更隆重？"

弟子们道："不行啊，把您露天放到森林里，恐怕会被乌鸦和老鹰啄食。还是用上好的棺木吧！"

庄子笑道："露天让乌鸦、老鹰吃，跟埋在土里让蚂蚁、蛆虫吃，有什么区别吗？从前者嘴里抢出来给后者，何必如此偏心呢？"

对此，释家看得更透，直接称死亡为"往生"——并非长眠，亦非灰飞烟灭，而是时钟上的数字"12"。

既是终点，也是起点。因果相续，循环往复。

　　物理学家认为物质不灭，死亡也一样，不过是生命的一种转换。

　　由于人体的新陈代谢，细胞每天都在增殖和凋零，昨日之我已非今日之我，今日之我亦非明日之我，就像脱胎换骨的"忒修斯之船"——死亡，是无时无刻不在发生的事。

　　正因如此，庄子在他妻子死后非但不哭，反倒鼓盆而歌。好友惠施见状，愤然质问，庄子便向他讲了通"生命由无到有，又由有到无，不过如四季交替，周行不殆"的道理，称："死去的人偃然就寝于天地之间，而我却守着她啼哭，这是不懂天命的表现啊！"

十三　心性本净，客尘所染

　　马祖临终前卧床不起，某人前来探望，问他"近日起居可好"。

　　"日面佛，月面佛。"

　　说完这六字遗言，八十岁的马祖撒手人寰。

　　日面佛是一个佛，寿命长达一千八百岁；月面佛也是一个佛，却只活了一天一夜。

　　不过，二者都悟道了，因此没有任何不同。

　　马祖的意思是，他已超越生死，得大自在，故无须回答"病不病""痛不痛"之类的问题。

　　庄子亦曾有语："莫寿于殇子，而彭祖为夭。"

　　没成年就死的，未必不是长寿，看你跟谁比（如蜉蝣）；像彭祖一样活了 800 岁，未必不算夭折，看你跟谁比（如天地）。

事物的价值都是相对的，认知角度一变即随之而变。人应当以更广阔的视角来看待和理解世界，明白"生是死的开始，死是生的延续"。

然而，即使看到这一层，义中依旧无法入定，于是起身到院子里走了几圈。

回到禅房坐下后，他摇了摇头——心仍不定，看来不只是母亲亡故这么简单，恐怕佛门将迎来一场浩劫。

次日一早，义中命门人敲响寺钟，召大家集合。

面对众人疑惑的目光，义中并没有道破天机，而是平静道："我准备进入深山，潜修佛法，有谁愿意同行？"

大伙面面相觑，其中一人道："修行何必非要去深山呢？"

义中明白，山里条件艰苦，很多当和尚只为混口饭吃的人是不可能随他去吃苦的。不过，筛掉这些人正好净化队伍，因此他看破不说破道："佛祖当年曾经开示，说修佛必先找到僻静之所。化外之境，更利修行。"

现场一片寂静，落针可闻。

一僧小心翼翼地问道："师父，我愿随您进山，可到底是去哪座山呢？"

义中道："现在还不清楚，但只要走出去，佛便会指引我们到达驻足之地。当年佛祖也不知道自己会在菩提树下坐悟，所以不必着急寻找答案。"

该僧闻言，表示愿意追随义中，附和者众。

其中有个俗家弟子，义中仔细辨认后发现他是寺里的火夫，乃笑道："你也愿往？"

火夫道："我虽非入门弟子，却一心向佛。"

义中道："向佛不一定要随我进山啊。"

火夫急道："禅师到哪里，我就到哪里，请不要拒绝我。"

义中见他心诚，颔首表示同意。

武宗废佛这一年，义中已经 65 岁。为保存火种，他率领僧众避入漳州西南的深山密林。

漳州亚热带季风气候显著，四季温暖，光照充足，因此虽时近年底，但义中等人还是热得汗流浃背，在山间艰苦跋涉。

"水！"

随着一声惊呼，众人发现前方有条小溪，不禁喜形于色，纷纷跑去沐浴，却见水面樟花浮动。

樟花来自香樟木，这是乔木（树身高大之木，与灌木相对应）的一种，自古便被民间用于家具制作和房屋建设。由于香樟木不易开裂，亦常被用来造佛像。

香樟木的特性可保证佛像不"破相"，故也被称为"风水木"。

"樟花献瑞，上头定是个好去处。"

义中的话鼓舞了大伙，一行人溯溪而上，来到三平山（平和县东南，因"登者必历三险三平，乃至其巅"而得名）。

放眼望去，只见山水清幽，目之所及皆是闪着亮光的景物，确为聚众传教之佳所。

三平山下有座塔潭村，义中等人进村时见村民个个愁眉苦脸，仿佛将有灾祸降临。路过一间宅院时，里面更是传出撕心裂肺的哭声。

义中心下疑惑，遂派弟子向村中长老询问。

原来，三平山上盘踞着一伙性情暴戾的毛人，他们经常下山打劫，欺男霸女，搅得塔潭村鸡犬不宁。村民大多靠一点薄田勉强度日，毛人的劫掠让本不富裕的生活雪上加霜。

一些胆大的庄稼汉倒也联合起来反抗过，但完全不是毛人的对手，还因激怒对方损失愈加惨重。

村中长老几经商量，决定"和亲"——每逢岁末，塔潭村便送一年轻姑娘给毛人头领。作为交换，毛人不再骚扰村子。

于是，对家有女孩的村民来说，过年成了"过难"，因为每个被毛人的"迎亲花轿"接走的姑娘都音讯全无，所以大家默认：此一别即是天人永隔。

听罢村人的哭诉，义中感到额上的青筋突突直跳。在说服村民后，他决定以身犯险，会一会这帮毛人。

随着天色渐暗，锣鼓声由远及近，毛人的"迎亲队"来了。

村人伫立道旁，神色紧张，献祭女孩的家属更是屏息凝神，目不转睛地盯着毛人走进自家屋子。

闺房里，只见戴着红盖头的"新娘"静静地坐在床上，等待"接亲"。

毛人不疑有诈，将"新娘"抱上花轿。在向村长索要了些吃喝，并留下几样山中特产作为"聘礼"后，抬着花轿上山去了。

九层岩。

这是一段三级陡坡，越走越险，越走越高。从山脚望去，人影不过寸许，宛若蚂蚁。

"这女子咋这么沉啊？"

一轿夫气喘吁吁道。

引路的毛人笑其无用，转身去换他。

然而，轿杆往肩上一搭，这毛人立马便被压得眉头紧锁，不由得骂骂咧咧。

轿中的红盖头下，"新娘"的脸上泛起一丝微笑。

毛人洞口。

头领早就急不可待，看见花轿后立刻冲到近前，伸手便往帘子里摸。

忽然，头领脸色一变，"哎哟"一声惨叫，瘫倒在地。

帘子被人从里面掀开，"新娘"阔步迈出，扯去盖头，却是义中。

众毛人见状，气得哇哇乱叫。

义中高声道："你这淫贼，糟蹋了多少黄花闺女！老衲今晚要削掉你这孽根，教你再害不了人！"

头领气坏了，冲义中大喊道："好啊，你这秃驴抢走爷爷新娘，爷爷我今日定要给你个教训！"

毛人一哄而上，以为一通乱拳砸下去，义中不死也残。岂料，义中身手颇为矫健，他辗转腾挪，见招拆招，把毛人打得鼻青脸肿，叫苦不迭。

面对跪地求饶的毛人头领，义中罢手道："阿弥陀佛。"

将之扶起。

在义中的教导下，毛人老实了不少，再也不敢欺凌塔潭村。

这则民间传说带有不少玄幻色彩，但究其根本，仍源于现实。

历史上的很多民族都有过"抢婚"的习俗，《易经》的卦辞中即有类似的表述，说某部族将一帮纵马而来之人当作盗贼（其实是来抢亲的），严加阻拦，导致其寸步难行，策马盘旋。

随着社会发展，"抢婚"被许多地方淘汰，但很显然唐代的漳州还保留着这一风俗。

十四　刚柔相济化蛮夷

话说九层岩上的毛人不只抢亲的那一伙，还有更凶顽的一拨，被当地人称作"山鬼"。

"山鬼"不除，山民终究没有好日子过。

经打听，义中来到"山鬼"洞前，将禅杖插进地里。禅杖化作一棵樟树，义中席地而坐，闭目参禅。

众"山鬼"咋咋呼呼地跑出山洞，望着义中交头接耳。

义中纹丝不动。

须臾，几个"山鬼"彼此对了下眼色，上前抬起义中，飞奔到百丈漈。

百丈漈即今之龙瑞瀑布，站在顶部向下望去，只见飞珠溅玉，水汽腾腾，声如洪雷，响彻山谷。再看看其下的深潭，幽不可测，令人生畏。

"山鬼"们合力将义中扔了下去，竖起耳朵辨听。在听到"扑通"一声后，他们相视一笑，返身回洞。

翌日，东曦既驾，"山鬼"们结伴出洞，却在洞口集体愣住。

原来，樟树下有个打坐的和尚，不是别人，正是义中。更奇的是，他浑身滴水不沾，嘴上念念有词，似在诵经。

待回过神来，"山鬼"们合计了一番，找来一个大竹笼，把义中搬进去，再装上几块大石头。

这一回，"山鬼"们集体出动，"护送"竹笼来到百丈漈。

义中再次被抛下瀑布，众"山鬼"料定他这回必死无疑，有说有笑地往山洞走去。

然而，等他们回到洞口时，彻底傻眼：义中坐在樟树下，双手合十，神色泰然。

随着一个"山鬼"不由自主地跪下，众鬼相继拜伏，求义中宽宥。

为将功补过，"山鬼"们恳请义中闭目七天七夜，承诺待其睁眼时，将看到一座由他们新建的寺庙。

义中同意了，选九层岩下的一块宝地为址，让"山鬼"们依山营造。

众鬼行动起来，"噼里嘭啷"的劳作声传入义中耳中，间或还有几声痛苦的惨叫。

义中心下不忍，睁开双眼，目光炯炯。

"山鬼"们蓦然抬头，发现义中正盯着他们看，心虚之下，恐慌四散，个别没跑的都是心底坦荡的。

这些留下的"山鬼"从此随侍义中左右，被称作"毛侍者"。

由于义中提前睁眼，三平寺成了个半拉子工程，有"三落半"（指塔殿、中殿、大雄宝殿以及只造了一半的天王殿，山门未及动工）之称，世所罕见。

虽是"半拉子"，却也足以开坛讲经，收纳逃难的僧众了。

"山鬼"迫于义中之威，不敢再造次，但这毕竟只是暂时的——义中年近古稀，一旦归寂，"山鬼"必定重操旧业，为祸一方。要知道，他们可是毛人中最凶残的一支。

为永绝后患，义中心生一计。

这日，"毛侍者"造访"山鬼"洞，带来一个消息：

义中大师为报答大家，布置了一间洞府，宽敞舒适，还有享用不尽的美酒佳肴，何不同往？

众"山鬼"闻言，喜不自禁，随"毛侍者"而去。

洞府。

果如"毛侍者"所言，洞中摆满了珍馐与酒坛，吃喝不愁。

"山鬼"们高兴坏了，狼吞虎咽，吆五喝六，丝毫没有察觉到洞外的异样。

洞口。

一块上立石幢（刻有经文的石柱）的巨石缓缓移动，把洞府的入口堵了个严严实实。

镜头拉远，但见义中正在施法。

不知过了多久，"山鬼"们酒足饭饱，准备出去透透气，结果发现被巨石挡住出路，不禁恼羞成怒，大喊大叫，却得不到任何回应。

良久，义中开口，朗声安抚道："你们在里面好好待着，等石幢开花，就可以出来了。"

"山鬼"们气得直跺脚，道："你把我们关在这，东西吃完了怎么办？"

义中关"山鬼"只是担心他们欺负山民，并无赶尽杀绝之意，故道："无妨，往后每年六月二十九，我都让村民给你们送吃的，保障一年之用。"

于是，当地多了个习俗，即每年的盂兰盆会（始创于梁武帝时期的超度先人的佛教仪式）前，乡人都会抬出义中神像（监督"山鬼"之意），家家户户包赤米粽（供养"山鬼"之意）。

传说看似荒诞不经，但今之三平山确有"毛氏洞"（囚禁"山鬼"的洞穴），今之三平寺确有"毛侍者"雕像。事实上，无论"山鬼"还是"毛人"，都是彼时山中的土著，因毛发旺盛而被称作"毛氏"。

据史料记载，唐代闽、粤、赣交界的山区里曾住着一群"山都木客"（官方称呼，简称"山都"），他们或栖于树上，或藏于洞中，几乎不与外人接触，领地意识极强（《太平御览》有载，赣县有民伐树，取"山都"巢而还，"山都"即焚其家，使之"合宅荡尽"），《平和县志》说他们不欢迎陌生人，见义中携众进山，千方百计地想将其撵走。

"木客"有"深山精怪"的意思，也指伐木工。从某种意义上讲，刀耕火种的毛人就是一帮伐木工，时节一到便砍伐枯树，放火烧山。

大火能清除杂物，灰烬是上等肥料。等火熄灭后，毛人把土一翻，将种子一撒，剩下的便是听天由命，等待收成。

此即最原始的农业。

然而，山火无情，烧起来便不受人控制，毛人的家园常因风向改变而毁于一旦。

为避免悲剧发生，毛人会在放火的前一天用龟壳占卜，预测次日是否降雨。当然，这种没谱的事肯定是不灵的概率更大，每每此时，失去树屋的毛人除了匍匐于地，祈求山神饶恕，别无他法。

收拾完"山鬼"后，义中可怜那些安分守己的毛人，决定助他们改变落后的生活方式。

改变风俗向来不易，也不能越俎代庖，义中的方案是顺其自然，让毛人看见他和"毛侍者"的日常起居。

果然，一段时间后，好奇的毛人隔三岔五就到三平寺观察义中，乃至向他发问，打听起外面的世界。

义中见时机成熟，开始讲述漳州百姓每天的幸福生活，毛人听得津津有味，跃跃欲试。

望着他们满脸期待的样子，义中道："像漳州人一样，有遮风挡雨的屋子住，你们愿意吗？"

毛人纷纷点头。

义中又道："不用烧山便能填饱肚子，你们愿意吗？"

毛人的头点得更快了。

于是，义中教他们移栽水稻之法。相比于草害重、易倒伏、难全苗的"烧山播种"，该法不仅能减少种子用量，还因延长了光照时间而产量大增。

此外，义中让毛人用水煮和火烤的方式加工食物，保证饮食健康。

生存危机解除了，粮食甚至有了富余，需要储藏，结果义中发现毛人因为不识字，不懂算术，连个账本都做不了。想教他们吧，毛人压根不感兴趣。

义中思来想去，发明了"煮字法"——把字刻在一张张竹片上，放进沸水里煮。一边煮一边告诉毛人这是什么字，什么意思。

毛人虽说心不在焉，但也跟字混了个"脸熟"。

见火候差不多了，义中把竹片捞起来晒干，再命毛人喝下煮字的水，称"这样你们的子孙后代就都能记住这些字了"。

闻听此言，毛人的积极性被调动起来。

一天，义中见几个毛人在田间编织麻绳，鼓捣了半天也不得其法，还弄得灰头土脸。

义中笑了笑，带领他们做了台木架，装上两只摇手，然后将麻皮的一端系在摇手上，另一端由人握着。一人摇，一人接，麻绳很快便织成了。

不久，毛人脱下兽皮，穿上柔软舒适的衣服。

为提高生产效率，义中让毛人把多余的收成拿到山下换了头牛，并传授他们垦荒、灌溉、历法等知识。同时，通过大量观察，义中总结出一套预测天气的谚语，不厌其烦地教给毛人。

毛人的农耕技术突飞猛进，还学会了种桑养蚕，彻底告别茹毛饮血的原始生活。

十五　灵蛇之珠

今之三平寺，除"毛侍者"的塑像外，还有一尊
"蛇侍者"的造像，它源于另一则传说。

一日，义中正在寺外的菜园摘菜，脚下忽然窜出
一条长蛇。它吐着信子绕义中转了好几圈，方才钻回
草丛。

次日，义中摘菜时又遇此蛇，它再次盘桓了许久
才离开。

当晚，义中辗转反侧：毛人种田已步入正轨，唯
一的烦恼是鼠患——老鼠对农作物的损害触目惊心，那
条蛇的出现莫非天意？

掐算一阵后，心里有了主意。

第二天，他披着袈裟来到菜地，一边摘菜一边留

意四周。不一会儿，长蛇如约而至，仿佛专门在等他。

"你是灵物吗？是的话就点点头。"

义中一边说，一边将袈裟铺在地上。

灵蛇点了三下头，义中示意让它钻进袈裟，将之带回寺中。

翌日，三平寺的僧众皆云：夜里总算听不见老鼠的动静了。

不久，更多的灵蛇来到三平寺，义中来者不拒，一一收养，一时间人与蛇和平共处。

这是群无毒的草蛇，时而在房梁上监视老鼠，时而在田地间保护庄稼。大人们出门耕作，小孩无人照看，灵蛇就游走于其身畔，令山间毒蛇不敢靠近。

久而久之，大伙都视灵蛇为吉祥物，尊称它们为"蛇侍者"乃至"侍者公"。

闽南地区的养鸡农家，迄今仍保持着一种防鼠防蛇的传统——母鸡孵蛋期间，只要将蛇的脱壳放进鸡窝，蛇、鼠便不敢钻进来破坏鸡蛋。

追根溯源，这也是义中教给当地民众的。

当然，也有学者持不同观点，认为此法古已有之，因为福建自古便有拜蛇之俗。

据清人施鸿保在《闽杂记》中的记载，福州的农妇多戴银簪，状如昂首之蛇，俗称蛇簪。

其实，早在汉代的《说文解字》里，许慎就有"闽，大蛇也"和"簪作蛇形，乃不忘其始之义耳"的表述，可见闽人以蛇为图腾的历史何等悠久。而漳州正是"蛇崇拜"的核心区域，平和县甚至有专门供奉"蛇侍者"的"侍者公庙"，位于距三平寺不到三公里的"大歇困岭"。

"大歇困岭"得名于一段传说，说当年"山鬼"被义中的法眼吓到，没盖完三平寺便夺路而逃，导致寺中缺少"藻井"（建筑内部的穹隆状天花板，多饰以繁密的图案）。

"毛侍者"愁眉不展，被义中用袈裟收留的那条灵蛇见状，问道："天下哪里的藻井最好？"

"自是南海普陀山观音庙里的。"

"毛侍者"道。

灵蛇二话不说，直奔普陀山而去。

趁观音庙的僧众不备，灵蛇悄悄爬上"藻井"，一直待到深夜。眼见四下无人，它施展灵力卸下"藻井"，往身上一背便朝漳州的方向狂奔。

天蒙蒙亮时，观音庙的人发现丢了"藻井"，倾巢而出。灵蛇负重前行，速度有限，为避免被追上只能不眠不休。

即便如此，观音庙的人还是撵上了它。

所幸此时已至三平山地界，几个人影出现在灵蛇的视野之中，却是一早便候在道旁准备接应的"毛侍者"。

灵蛇将"藻井"交予"毛侍者"，躲进草丛小憩，没想到因为太累醒来已是三天之后。自此，这条山岭便被称作"大歇困岭"。

以上关于蛇的内容有另一个科学的解释。

原来，除毛人外，漳州当时还有一拨土人，那便是"畲族"。

畲族是中国 56 个民族中人数较少的一支，在古代被视为"蛇族"，称作"蛮僚"。

蛮者，中原地区对南方少数民族的蔑称；僚者，猎也。

据民国时的《福建通志》记载："六朝（魏晋南北朝）以来，戍闽者屯兵于龙溪，阻江为界，插柳为营，两岸尽属蛮獠（僚）。"

　　到了唐代，蛮僚的势力愈发壮大，漳州历史上的首位刺史陈元光便死于其"啸乱"，后被乾隆追封为"开漳圣王"。

　　由此观之，畲族在当时的汉人眼中是野性难驯的，其住过的"伽兰洞"（位于平和县）也被列为"南蛮十八洞"之一。可即便如此，畲族还是不同于真正的野人毛人（虽然后者的血脉后来逐渐融入前者），开化程度较高。

　　也正因如此，传说中的"山鬼"会看上去脑子不太好用的样子，而灵蛇则要聪明无畏得多。

十六　万般带不走，唯有业随身

　　义中同弟子们谈玄论道，悬壶济世，在漳州的化外之地为禅宗保留了一颗宝贵的种子。

　　据《平和县志》记载：

　　平和在万山绝壁中，峰高地峻。一日之间，气候不齐。一岁之内，寒暑靡定。或清晨作雾，咫尺莫辨；或风日和暖，小雪微降。平土居者，多患中湿；负山处者，多病疟疾。

　　义中虽非青囊圣手，但也颇通岐黄。他不仅治愈了许多病患，还毫无保留地将医术传给需要之人，以至于今日许多拜访三平寺的善男信女都会求一枚药签，或讨些香灰回去入药。

文明其精神，野蛮其体魄。除了传经，义中还教弟子武艺。

民间传闻里有一则义中为民除害，降服猛虎的故事。此虎改邪归正后随侍义中左右，使之同大颠一样有了头"虎侍者"。

此外，三平寺外还有一片古木参天，鸟语啁啾的"虎林"，乃义中当年率僧众习武之地。

虎林之所以叫这个名字，盖因三平山中的老虎都喜欢来此消暑。它们一边享受着习习凉风，一边听晨钟、暮鼓与梵唱，久之成瘾，每日必到。

老虎听经时总是席地而卧，闭目流涎，时间一长不免口干，以前爪扒地，舔舐湿土。久而久之，一口泉眼竟被挖了出来，春夏不溢，秋冬不涸，后世称作"虎爬泉"。

自从有了虎爬泉，三平寺的访客总会先到泉边洗手净面，一扫风尘，再掬泉而饮，沁心润肺。待焚香、参拜、许愿的流程结束后，香客基本都会捧着自带的瓶瓶罐罐到虎爬泉接水，不辞辛劳地抱回家，倒入水缸做"水母"，以求保佑。

在义中的苦心经营下，大山深处的三平寺不仅实现了自给自足，还吸引了天南地北的投奔者。义中一视同仁地接纳他们，没想到却引狼入室。

"会昌法难"制造了一批社会闲散人员，身处闽南的有不少都混进了三平寺。这帮人不好好修行，把寺庙当作官场，勾心斗角，还有的跑到寺外偷鸡摸狗，败坏佛门清誉。

某次法会结束后，义中严肃道："你们中的一些人，把外面叵叵奔走的手段用到这里，有什么前途？若要学佛，就将自家的本分事做好。"

"学佛有没有路？"

一僧问道。

"有是有，不过滑得很。"

义中答道。

"那能走吗？"

该僧又问。

"说不定，要看你自己。"

义中又答。

僧人想了想，道："佛门三乘（三种抵达涅槃彼岸的'交通工具'，一是通过听闻佛法而悟道的'声闻乘'，二是通过了悟循环不息的因果而证道的'缘觉乘'。此二'乘'独重'自悟'，故皆为'小乘'，而第三乘'菩萨乘'讲求自觉觉他，度己度人，故为'大乘'）和十二分教（指释迦牟尼的一切言教），学人信得过，只是太繁多，求师父明示'祖师西来'（达摩从西方来到中国）意。"

义中道："你有一把龟毛做的拂子和一根兔角做的拐杖，你把它们藏到哪去了？"

僧人不解道："龟哪有毛，兔哪有角？"

义中道："肉重千斤，智无铢两。"

龟没有毛，兔没有角，智慧没有重量，但看不见的东西未必就不存在，很多时候比看得见的实物更有用。

机锋打完，进入正题，义中讲了则佛经上的典故。

一天，释迦牟尼说法之余，忽对阿难道："你拿只桶，到五里外的那座村子，向一个正在井边洗衣服的老妇人要桶水回来。"

阿难依言而行，朝师父手指的方向走去。

村庄。

一白发苍苍的妇人在井边浣洗，阿难上前作礼道：

"老人家，可以跟您要桶水吗？"

那妇人抬头一看，不知哪来的无名火，高声道："不行，这口井只能给村里人用，你走吧！"

阿难苦苦哀求，妇人不为所动。最后，他只好拎着空桶回去，把遭遇向师父与同门说了。

释迦牟尼点点头，示意他坐下，然后让另一名弟子舍利弗去。

舍利弗提桶来到村子，礼貌地向井边妇人询问道："老人家，可以跟您要桶水吗？"

妇人抬眼，不知为何心头一喜，和颜悦色道："行，我帮你打！"

水打好后，妇人又回家取了些斋食交给舍利弗，态度同之前阿难见到的判若两人。

舍利弗回去后，也将情况讲了一遍。

众弟子不解，齐齐望向师父。

释迦牟尼示意舍利弗坐下，缓缓开口。

原来，那妇人的前世里，有一世是畜生道，她作为一只老鼠死在路边，被烈日暴晒，气味难闻。

阿难的那一世是个商人，运货途中，他见到道旁的死老鼠，心生厌恶，掩鼻急走；舍利弗的那一世是个赶考的读书人，见到道旁的死老鼠，他心生怜悯，蹲下来捧了把土将之掩埋。

义中讲完典故，众人皆觉"缘"之一字，实在不可思议。有时路遇一个陌生人，没来由的就觉得对方讨厌；有时两人明明不认识，却一见如故。

佛学讲"缘"，常与"因"连在一起，即所谓"因缘和合"，简言之：任何事物的存在都是由"根本原因"（因）和"辅助条件"（缘）决定的。

以植物为例，种子就是"因"，而阳光、水分、土壤则是"缘"。对芸芸众生来说，"业"便是"因"，辅之以"缘"，条件成熟，即会产生后果。

业者，业力也，长存于"六道"（六种不同的生命形态）。

六道分为"三善道"（天道、人道、阿修罗道）与"三恶道"（地狱道、饿鬼道、畜生道），一切生命落幕时，根据其累世之业，结算后都会转投到其他"道"，经历新的轮回。

"轮回说"无法从科学上予以解释，但人对生命总有一种好奇，想去探个究竟：我从哪来，到哪里去？如果没有轮回，把前后都斩断，生命就成了孤零零的片段——茫茫宇宙中，一具叫作"我"的肉体出现，然后消失，找不到意义，看不见价值，历史上不少艺术家和哲学家选择自杀即源于此。

与"轮回说"相对的生命观是"一世说"，即人就这一辈子，死亡意味着从肉体到精神的彻底终结。

相信"一世说"的人有三个特点：一是怕死，因为人死如灯灭；二是着急，紧迫感很强，无论赚钱还是花钱；三是"我死之后，哪管洪水滔天"——既然唯利是图地过一生和无私奉献地过一生在终点都一样，都清零，那谁还会选择后者？

而在"轮回说"看来，生命就像一条奔腾不息的大河，人无法拒绝上游漂下来的任何东西，比如业力。

从性质上讲，业力分身业（行为造的业）、口业（言语造的业）、意业（心念造的业）；从果报来看，业力又分善业（得乐报，导入善道）、恶业（得苦报，导入恶道）、无记业（不得报）。

由于人的行动和语言都由心理活动驱使，故身、口、意三业，意业为根本。换言之，业力是命运的源头，心念是业力的源头。

正因如此，把握心念就能把握言行，掌控命运。

从这个角度看，佛学并不宣扬"宿命论"，而主张每个人都通过修行（正念）来"消业"，改随波逐流为逆流而上，从不由自主到当家做主。

菩萨畏因，凡夫畏果。只有意识到"命由己造"，意识到"修合无人见，存心有天知"，人才会审慎地对待心理活动，找到自我拯救的法门。

十七　迷苦永消，登彼大觉

　　义中接着讲法，手捻佛珠道："外息诸缘，内心无喘。心如墙壁，可以入道。"

　　这是达摩当年在少室山面壁的心得，总结了禅修的精髓。

　　"外息诸缘"说的是断绝攀缘心，不要自寻烦恼；"内心无喘"说的是心无妄念，安定得仿佛没有气息。

　　修到这种内外完全隔绝，宛若竖着铜墙铁壁的境界，便可算入道了。

　　接着，义中开讲"不立文字，直指心性"，也就是"顿悟"。

　　咬文嚼字是无法会通佛理的，好比桂花香气一嗅便知，却很难用语言描述。因此，公案里的禅师总是不对提问做正面回答，生怕一语道破便味同嚼蜡，唯愿提问者顺着他的话头亲身体验，自得于心。

历史上的高僧，有看花开花落而顿悟的，有听泉流蛙鸣而顿悟的，还有仅仅因为打破了杯盘碗碟而顿悟的。

比如，宋朝一位尼姑在结束她的云游后，回庵时看见庭院里的梅花，豁然悟道，作诗曰："尽日寻春不见春，芒鞋踏遍陇头云。归来笑拈梅花嗅，春在枝头已十分。"

再比如，有学僧曾问赵州禅师（南泉之徒）："怎样学道，怎样参禅，怎样开悟，怎样成佛？"

赵州起身道："我没时间跟你讲，因为我要去小便了。"

学僧一脸错愕。

赵州不理他，走出几米开外后回身笑道："你看，像小便这么小的事都要我自己去，你能代替我吗？"

正因不能代替，当年大珠慧海在马祖门下当学僧时，经常自言自语："主人公，你在吗？在，在！"

不知道的还以为他精神分裂了，知道的却明白这是一种禅修功夫，意在唤醒自身觉性。

大珠有此认知，与他初参马祖时的一段对话密不可分。当时，马祖问他"从什么地方来"，他回以"越州（绍兴）大云寺"。

马祖又问："来这里做什么？"

大珠答道："来求佛法。"

马祖道："我这里一物也没有，求什么佛法？你不顾自家宝藏，抛家舍业有何意义？"

大珠不解道："什么是慧海的宝藏呢？"

马祖道："现在问我者，即汝之宝藏。一切具足，更无欠缺，使用自在，何需外求？"

大珠闻言彻悟，满心欢喜，不由自主地伏地叩头，礼谢马祖甘霖般的开示。

后世之王阳明在向弟子形容那些不识良知的庸人时，曾化用此典道："抛却自家无尽藏，沿门持钵效贫儿。"

当然，"不立文字"与"不离文字"是禅宗的一体两面，如果只重前者而忽略后者，修行者便会陷入虚无，沦为"狂禅"。

因此，在强调"一落言诠（解释），便成戏语"的同时，义中也肯定了"经文考据"的作用。毕竟，大多数人都没有慧能"生而知之"的智慧，只能借助文字这根拐杖"学而知之"，但在学的过程中要谨记"言语道断"，不可向外驰求。

概而言之，修佛就是修"三般若"（文字般若、观照般若、实相般若）。

般若者，大智慧也，可以打破"无明"（凡夫"认假成真，执幻为实"的痴愚）见真实。一切经论中的文字，皆名"文字般若"；若依文字，解其义理，起观照行，则名"观照般若"；若依观照，窥见心性，彻证实相，则名"实相般若"。

文字是工具，观照是手段，实相是目的。

对此，义中曾作三偈：

一

即此见闻非见闻，
无余声色可呈君。
个中若了全无事，
体用无妨分不分。

二

见闻觉知本非尘，
识海波中自昧身。
状似碧潭波沫覆，
灵王翻作客中宾。

三

见闻知觉本非因，
当体虚玄觉妄真。
见相不生痴爱业，
洞然全是释迦身。

第一偈说的是"见山还是山，见水还是水"。

你想悟道吗？在"见色"和"闻声"上用功即可。但自无心于万物，何妨万物常围绕？

凡夫见色与闻声都会起心动念，分别执着，产生各种烦恼。知道了这个危险，我们要做的不是投鼠忌器，闭目塞听，而是在事上磨炼，磨到"不以见闻而动，不因见闻而误"的境界，荣的由它荣，枯的由它枯。

正如六祖慧能所言："佛法在世间，不离世间觉。离世觅菩提，犹如觅兔角。"

第二偈说的是"迷失"。

参禅何须山水地，灭却心头火自凉。

人的所见、所闻、所感都并非真实的客观存在，它们在"意识"的汪洋大海中反客为主，像泡沫一样遮蔽了我们的灵性。

大多数人的生命现状，无非是一堆错误的想法外加一堆混乱的情绪，而过载的信息又加剧了这种混沌。因此，现代人普遍心态不好，茫然、焦虑、躁动，入睡前与吃饭时都不肯放下手机，寝食难安。

观念和情绪具有巨大的力量，人们受其支配，却很少反思前者是否真的有理而后者是否真的重要。

第三偈说的是"佛在心中不远求"。

佛教有个"梓中藏宝"的故事，讲的是一位老人在自家地窖藏了许多无价之宝，心想，万一哪天家道中落，子孙凭这些老本还能东山再起。多年后的一天，老宅意外失火，化为灰烬，子孙们弃屋而逃，流落他乡。他们过着食不果腹的生活，却不知废墟下埋着祖传的家宝。

人之不自知，宛如"目不见睫（睫毛）"。

我们的惶惑不安都源于不自信，而不自信的背后是不自知，从而心为物役，心随境转。

道家讲"知人者智，自知者明"，《天道》里的丁元英说："想干什么和能干什么是两回事，这要根据条件来决定。只要不是我觉到悟到的，你给不了我。给了我，我也拿不住。只有我自己觉到悟到，我才有可能做到，能做到的才是我的。"

的确，命里没有的，就算一时被赋予也终将被收回，而即便是生来富贵，曾国藩亦作过总结：官宦之家传承两代就完了，商贾之家一般三代也就到头了。

命运和财富只有真正握在自己手里才能安心，人终究无法依附于任何人，因为从来就没有什么救世主，世间的万般苦难唯有自渡才是真渡，仗来的势迟早会被没收。

人生是一条激流，每个人都是自己的舵手，永远不会辜负你的只有读过的书和行过的路。

求人不如求己，自省方能自强。

十八　于意云何

会昌六年（846年），唐武宗因服仙丹而死，光王李忱即位，改元大中，是为唐宣宗。

宣宗一反武宗所为，杀了他宠信的赵归真等道士。他宵衣旰食，从谏如流，在位期间限制宦官和宗室，并接连击败衰落的吐蕃、回鹘和党项，被认为是李世民再世，有"小太宗"之称。

大中三年（849年），宣宗降旨恢复佛教，命每州建寺两座，鼓励僧尼回归，开展佛事活动。同时，一批巡礼僧被派往各地视察，地方官也多了项职责——推荐大德做住持。

在此背景下，巡礼僧常肇、惟建来到漳州，考察当地寺院的恢复情况，接待他们的是漳州刺史郑薰。

郑薰，大和二年（828 年）进士，《新唐书》说他"端劲"（刚正不阿），《全唐文》说他"秉庄氏之遗风，蕴名卿之品业"。

曾两度担任礼部主考官的郑薰为国抡才，选拔了很多寒俊，门生里的李频、张乔等皆是晚唐著名诗人。

当常肇、惟建表明来意后，郑薰当即提出两条建议，一是重建开元寺，二是请义中当方丈。

其实，义中"驻锡三平，化民易俗"的传闻常肇、惟建早就听说过，对其护佛的功绩也心悦诚服，故不劳郑薰多作介绍，便即上奏朝廷，举荐这位"嗣达摩正统，继南宗衣钵"的禅宗大师。

不久，圣旨下达，郑薰亲赴三平寺，恭请义中出山。

奉旨主持开元寺后，义中一面化缘，修葺寺院，一面讲法，普度众生，影响日益深远。郑薰由衷钦佩，上书宣宗，为其申请了"广济大师"的封号。

大中十三年（859 年），唐宣宗病逝，唐懿宗即位，改元咸通。

几年后，已经八十多岁的义中想起自己那座位于三平山的"招提"（即"兰若"，民间私造的寺庙），毅然告别开元寺。

在通往三平寺的路上，家家户户都把香案摆到门口，礼敬义中。

三平寺的僧人更是激动不已，一早便出门远迎。

回到故居，眼前的景物几乎没有变化，义中对人世的体悟却更深了。

咸通十三年（872 年），诗人罗隐的偶像、吏部侍郎王讽受政治斗争牵累，被贬为漳州刺史。走马上任才两天，他就起身前往三平寺，拜访已经 92 岁高龄的义中。

今三平山有座"侍郎亭"，前身是王讽进山时歇脚的山房。亭中有首题诗，记载了王讽访义中的往事：

当时累谪到南天，别有深山一段缘。
论易谈禅钟鼓下，蒲团坐破不知年。

据王讽自述，初见义中时，这位慈祥的宗师瞪大双眼，半晌不发一语。询问之下，原来义中早就知道他刺漳的原委和经过，座谈毫无隔阂。

在漳州刺史任上，王讽最常去的地方便是三平寺。

受义中影响，他也能提些颇具禅机的问题，比如"黑豆没发芽时是什么样子"。

义中以偈作答：

菩提慧日朝朝照，般若凉风夜夜吹。
此处不生聚杂树，满山明月是禅枝。

菩提者，大彻悟也；般若者，大智慧也。

"聚杂树"指灌木（没有明显主干的矮小丛木），喻旁门左道。

"禅枝"本意为禅堂的树枝，如杜甫之"禅枝宿众鸟"，庾信之"禅枝四静， 慧窟三明"，此偈中喻指修为深厚的禅僧。

阳光普照，月圆当户，义中用了这么多意象，就是想说禅乃众生之本性，生命之灵光，是审美和自由的最高境界。

在交谈中，王讽向义中讲了则新闻：一个年轻人因为家里穷，娶不到老婆，竟暗中将母亲卖到低等妓院，服务那些经济状况不佳的男士。

由于此人的母亲年龄不大（不到 40 岁），且有几分姿色，所以很受欢迎。

　　这个不孝子后来被其母告到府衙，王讽怒不可遏，依律重处了他。

　　义中闻言，道："孝之至也，无所不善，有其迹（孝行），乃匹夫之令节（美好的节操）；法之至也，莫得而私，一其政（实行法治），则国之彝典（常典）。"

　　言毕，义中谈起释迦牟尼当年同弟子阿难之间的一段对话。

　　释迦牟尼："你听说过跋祇国的人经常聚到一起讲论正法的事吗？"

　　阿难："我听说过这样的事。"

　　释迦牟尼："如此国家，定会上下一心，没有谁能侵害它。"

　　顿了一顿，释迦牟尼又问阿难："你听说过跋祇国的人把沙门当祖宗一样供奉，并敬重持守戒律的人，殷勤看顾他们，从不疲倦的事吗？"

　　阿难："我听说过，世尊。"

　　释迦牟尼："如此国家，定会长治久安，不会有人去侵害它。"

锣鼓听音，王讽当即领悟义中举此典故的用意，并心生敬意——禅师虽隐入山林，却时刻关注外面的世界，绝非"躲进小楼成一统"的自了汉。也许，"弘扬佛法遍天下，普度众生满人间"说的正是义中这样的人吧。

十九　华枝春满，天心月圆

咸通十三年（872 年）十一月初六，义中召集众弟子，宣布道："人生如水泡，人死如泡灭，我要与你们分别了。"

接着，他称临别之际，自己要像老太婆一样多唠叨两句，说："三十二相皆假伪，你们有个不假伪的法身，修行得道，性量达到太虚的境界，就没有生、灭、去、来的相了。"

佛陀福德圆满，故色身具有"三十二相"。义中三岁时，一僧断定他将来"必成正果"的证据也是"生成三十二相，相相入格"。

其实，"三十二相"根本不是如来的自性真身，只是佛祖为更好地度脱众生而示现的幻相，以使信众心生渴仰，灭诸妄念，止恶行善，借假修真。

在《金刚经》的梵文原典中，"凡所有相，皆是虚妄。若见诸相非相，则见如来"的"相"指佛陀应化到人间的色身（"三十二相"），翻译成中文后才逐渐扩大到"一切凡夫所能理解和认定的相"。

"见诸相非相"有三层含义：首先得"见"，压根没见何谈"见如来"；其次，如果见了就当真，则还是没能"见如来"；最后，见了当没见，才算真正"见如来"。

这就好比两类极端的寺庙访客，一类是没文化的老太婆，另一类是读过"凡所有相，皆是虚妄"的知识分子。前者怀着强烈的贪着心，遇佛即拜，不管是铜铸的、泥塑的还是木雕的；后者则不屑一顾，认为向这些造像下跪是"着相"。

事实上二者皆不可取，只有拜了当没拜，礼佛不刻意，才是见相非相的无我境界。

而一切，都从修你自己这具"不假伪的法身（佛身）"起，正所谓"自我乃证法之器"。

众人神色凄然，垂首不语。片刻，一弟子从人群中走出，"扑"的一声跪到义中脚下。

　　仔细一瞧，却是当年义中预感佛门有劫，正告众弟子自己将"进入深山，潜修佛法"并询问"谁愿同行"时，那个积极表态的火夫。

　　火夫虽是俗家弟子，却比在场之人都虔诚，他说："弟子愿随师父一同西归。"

　　义中莞尔一笑，道："待我大归后，你仍可留在三平寺当厨。"

　　然而，火夫说什么都不依，誓要追随义中到底。

　　义中无奈道："你跟我的时间虽不短，但毕竟没有入门。何况，你久任庖厨，荤腥不禁，岂能随我西行？"

　　火夫分辩道："一定要是正式弟子才算皈依佛门吗？我长年听师父弘法，颇有心得，每日诵经不止，心中早已有佛。并且，我自侍奉师父后，一直守戒持素，不沾荤腥。师父如若不信，我便当众剖腹，好教师兄弟们看看我的血是白是红！"

　　激动的火夫不待义中劝阻，拿出提前备好的斧头，当众自剖。

　　白血喷涌而出，淌了一地，众人唏嘘不已——火夫的五脏六腑果然没有半点荤腥。

义中感慨道："剖白顿悟，一念成佛。你们应将他妥善安置，从今往后立他为监斋爷，在斋堂中祭祀。"

众弟子领命。

火夫剖白，当然也是传说。

听说义中的生命步入倒计时，王讽火速从漳州赶来。

见到自己这位小友，义中诚恳道："你在官场，我在佛门，你我互相借鉴，殊途同归。只要心中有佛，不出家也一样可以修身。眼下我就要大归，相信你会运用国法，弘扬佛法，让这片土地上的百姓安居乐业。"

王讽心如刀绞，道："大师之言，铭诸肺腑，我将竭尽全力为民解忧。此去其实未去，众生心中自有大师，我也一样。"

义中的脸上露出欣慰的微笑。

享年九十二，僧腊六十五的广济大师示寂后，门人在三平寺建了座面阔三间的祖殿，殿中塑其金身，春秋祀之。

为记述义中生平，王讽撰写碑文，后世俗称"王讽碑"。

现存的"王讽碑"有两个版本，一是收录于《唐文粹》（宋人姚铉编著）的《漳州三平大师碑铭并序》（简称《碑铭》），二是保存于三平寺的《漳州三平山广济大师行录》（简称《行录》）。两者的内容不尽相同，前者 600 多字，后者 900 余字。

之所以出现这种情况，一方面，因为姚铉在编《唐文粹》时（北宋初年）可能对搜集到的碑文进行过删削，毕竟《宋史》说他"文辞敏丽，善笔札"；另一方面，自北宋末年至明朝中叶，存于三平寺的王讽碑因"缺坏""烂坏""久坏"而三次大修，每次领衔的都是僧人。他们不一定看过《唐文粹》，却熟悉释家典籍和民间传说，补缀一些揄扬义中的史料也很正常。

沙门之外，闽人对义中更是推崇备至，尊称其为"祖师公"，年复一年地赴三平寺朝拜，并将其影响力散播到海外。

在不计其数的粉丝里，声名较著者有南宋的理学家颜师鲁和吏部尚书颜颐仲，有晚明的书法家李宓、礼部侍郎林釬、吏部侍郎王志道，还有清朝第一个获封公爵（海澄公）之人黄梧（施琅的伯乐）以及乾隆年间的吏部尚书、《四库全书》馆正总裁蔡新。他们或捐修，或立碑，或架桥铺路，以各种形式为三平寺添砖加瓦，宣扬义中筚路蓝缕、以启山林、惩恶扬善、救苦救难的"广济"精神。

山灵有主，福庇斯土。在义中的感召下，一代又一代文人墨客来到三平山，留下许多动人的诗篇，比如晚明诗人陈翼飞的《游三平寺》：

路入寒山霜正繁，沙头落日暗平村。

萧条古寺荒苔里，不见山僧只见猿。

千山缭绕一山开，昔日中公杖锡来。

满树昙花供石塔，半天明月下香台。

再如明末苏州同知郑爵魁的《三平岩》：

西去平岩杖锡开，中公宝盖不分回。

经台冷落千人座，灵漈长悬百丈崖。

钵里神蛇听法伏，云间香桧护坛栽。

降魔莫见深潭碧，习坐山中长绿苔。

　　星云法师认为，佛陀是一个充满道德勇气的"革命家"。他主张的"革命"不是要取他人性命，而是自我针砭。不是向外，而是同内心的杂念展开一场搏斗。毕竟，百千法门，同归方寸，河沙妙德，总在心源。

　　唯有勇于自新，才会拥有光明的人生。不怕妄念起，只怕觉照迟。

　　从这个角度看，义中修造命运的一生就是一段识自本心，见自本性，舍小得大，舍虚入实的旅程。

　　偶来松树下，高枕石头眠。山中无日月，寒尽不知年。

　　求道无非洗心涤虑，净化生命，直至"吾心似秋月，碧潭清皎洁"。

　　山河及大地，全露法王身。一切都如那个骑驴过桥时因不慎坠落而悟道的柴陵郁禅师所言：

　　我有明珠一颗，久被尘劳关锁。

　　今朝尘尽光生，照破山河万朵。

后记：佛学三思

思无常

当生即灭，灭不待因

人类社会宛如一台狂飙的汽车，不同的文化扮演不同的角色，有的是油门，有的是刹车，佛学无疑属于后者。

若以跑得快而论，刹车显然是消极的；但就跑得稳而言，刹车无疑又是积极的。

很多人把学佛同悲观主义画等号，其实不然。

如果说乐观是错误地将现象当作本质，沉湎其中，悲观是看到现象背后没有本质，所以把现象也给否了，那么佛的主张便是"中观"——看到现象背后没有本质后，回过头去把现象作为现象接受下来。

"中观"是对生命的"如实观"，坐看缘起缘灭，接纳世事无常。

佛陀所说之"无常"，本来如此，普遍如此，必然如此，你不接受只能徒增痛苦，像冰火岛上咒天骂地的谢逊一样罢了。

天地不仁，以万物为刍狗。上天要虐人时，从不在乎其剧本是否具有合理性，荒诞的程度即便杜琪峰和韦家辉见了也要直呼"内涵"。

阅尽沧桑之人，深感人生无力，有时只因一句话、一个念头、一场擦肩而过，命运便发生翻天覆地的改变，仿佛将一粒石子投入江海后竟掀起滔天巨浪。

只有洞悉福祸相依的本质是"无常"，人才能重新审视"命"。

世人对待命运有三种态度：怨命、安命、造命。怨命是憎恨，安命是躺平，造命则是因上努力，果上随缘，不去对抗命里的"意料之外"，允许一切发生的同时见机改命，就像斯多葛学派的哲学家塞内加所说：

　　我从来没有信任过命运女神，即使在她似乎愿意和平相处时。我把她赐予我的一切——金钱、官位、权势，都搁置在一个地方，可以让她随时拿回去而不干扰我。我同那些东西保持很远的距离，这样她只是把它们取走，而不是从我身上强行剥离。

　　智者什么都不曾失去，什么都不会失去。他从不占有，只是保管。当人拥有了这份豁达，就会发现无常的真谛并非"人无千日好，花无百日红"，而是"苦不尽，甘常在"，"失之东隅，收之桑榆"。

　　在参透无常之人眼中，谁令他痛苦，谁就是去度他，让他痛悟的。同时，他明白凡事都有周期，人在行大运前必会遭受严重的伤害，比如失恋、失业或失去亲人。这是磁场在做清理，除旧迎新，破茧成蝶，所谓"身不苦则福不厚，心不死则道不生"是也。

　　总之，"思无常"思的是人生态度。人生中没有什么事是必须要做的——没有必须购买的商品，没有必须讨好的感情，也没有必须成为的人物。

　　每个人的生命轨迹都不同，不要让周遭的声音左右你内心的选择。慈航法师有言："只要自觉心安，东西南北都好。"路在脚下，怎么走由你自己决定，哪怕它在别人看来是弯路，也每一步都算数，因为人生不能以功利的、片面的目的为导向，它是复杂的、无用的，是获得审美、获得思辨的一个过程，所有的经历都是人无法复制的财富。

在这趟单向旅途的终点，只有活出广度、丰度和温度的人，才不觉遗憾，不虚此行。

思无我

众生欲除苦，反行痛苦因。愚人虽求乐，毁乐如灭仇。

佛说"无常故苦，苦故无我"——一切无常是苦的由来，一切苦是认识无我的由来。

世人多执着于"我"，一辈子为身体打工。

"我"的存在由三种感觉组成，一曰"重要感"，凡属于我的皆很重要；二曰"优越感"，凡与我有关的都要超越他人；三曰"主宰欲"，希望别人都听命于我。

三种感觉均需支撑，以颜值、身份、财富等标签为依托，哪怕人明知这些东西因缘而起，因缘而灭，随时都在变化。

缘者，条件也，具体到每个人便是"五蕴"。

"蕴"乃积聚之意，五蕴即色蕴（物质的存在）、受蕴（感受）、想蕴（思维）、行蕴（意志）、识蕴（了别的作用）。

"色"是纯粹的肉体，"识"是纯粹的精神，二者分居两端。中间是"受""想""行"，"受"靠近"色"故偏于客观，"行"靠近"识"故偏于主观。

举例来说，桌上放着一杯开水，有人径直过去端了起来，立马被烫得痛不欲生，此即为"受"；继而他会思考：谁那么阴损，搁杯热水在这坑人，此即为"想"；他越想越生气，打算将此人找出来揍一顿。此即为"行"。

五蕴聚合，构成有情众生的生命，假名为"人"。由于五蕴都是"缘生事物"，变动不居（空间上的和合体），"恒转如瀑流"（时间上的相续体），故佛曰"人无我"。

除了"人无我"，"无我"的另一层含义是"法无我"。

　　"法"就是"有为法"，即凡夫误以为真实存在的万事万物。譬如饭团，本质上无非诸多米粒的聚集，没有产生任何新的事物，却被人叫作"寿司"。

　　再比如，一张书桌之所以出现在它主人的书房，有赖种种条件。没有树木不行，没有伐木工不行，没有运输队也不行；没有木匠不行，没有家具商不行，没有消费者更不行。

　　由此可见，书桌是"缘生"的，从无"独立性"与"不变性"，只要其赖以存在的诸多条件垮掉一个，便即消失。

　　"人无我"又称"人空"，"法无我"又称"法空"，二者合起来便是"无我"的完整意涵——空（无自性）。

　　陷溺"人我"即"人我执"，攀缘"法我"即"法我执"，两者合起来便是一台制造痛苦的永动机，令凡夫的生命充满迷惑和烦恼。

　　"人我执"一方面通过不断肯定自我来确证那个实无内涵的"我"，直至唯我独尊；另一方面砌起心墙，把"我"围困在里面，与他人隔绝。

　　"法我执"令人依赖与贪著外物，患得患失，心生分别。虽然"良田万顷，日食几何。华厦千间，夜眠几尺"的道理都懂，可即便是得道高僧，破功也是时有之事。

金碧峰禅师修炼多年，放下了天地，放下了名利，唯独对自己吃饭用的玉钵爱不释手，每次入定前必先将之仔细收好。

一次，阎王差几个小鬼去拿金碧峰——他的世寿到了。

金碧峰有所预感，进入到甚深禅定的境界。小鬼左等右等，始终捉拿不得，无奈之下只好去请教土地公，让他帮忙想个办法。

土地公道："你们去取那只玉钵，他一挂念，必然出定。"

小鬼照做，把玉钵摇得"叮咚"直响。金碧峰闻声，忍无可忍，匆忙出定，将宝贝抢了回来。

"跟我们去见阎王吧！"

小鬼们笑道。

金碧峰刹那大悟：贪爱会毁了我的千古慧命。于是当场打碎玉钵，再次入定，并留下一首名偈：

若人欲拿金碧峰，除非铁链锁虚空。

虚空若能锁得住，再来拿我金碧峰。

不贪者无累，一个人能战胜自己的欲望便能赢得整个世界，光风霁月，洒脱自在。因此，修佛就是修心。

心安住在哪呢？荣华总是三更梦，富贵还同九月霜，感情更是无时不在变化，以至于智者道："爱河千尺浪，苦海万重波。"

佛陀让世人安住在破我执上。

只有消除"我"，人和众生才是一体的。而人在忘我时，痛苦也会消失得无影无踪，实现真正的自由。

设想一座沸反盈天的体育馆，十万观众正坐在里面看球赛。一位男士因看得入神，手中的香烟不慎烧到邻座的袖子。待他回过神来，赶紧向对方道歉。邻座正看到关键处，物我两忘，故毫不在乎道："没关系，再买一件好了。"

如果人在平时便有这样的觉悟，将省却多少内耗，减少多少对立。

道不可坐论，对治"我执"的法门是发菩提心和行菩提行。

发菩提心（把度化一切众生当作自己修行解脱的路径）的基础是具备慈、悲、喜、舍四无量心。慈者，仁爱也，利济众生使其得乐；悲者，同情也，拯拔众生使其离苦；喜者，利他而欢喜不厌；舍者，无亲疏贵贱之别。

行菩提行即"六度"：布施（度悭贪）、持戒（度毁犯）、忍辱（度瞋恚）、精进（度懈怠）、禅定（度散乱）、智慧（度愚痴）。其中，持戒、禅定、智慧即通常所说之"戒定慧"。

"六度"以"布施"为首，可谓对症（我执）下药。佛陀提倡的布施是"不住于相"的，即施了也得当没施——如果做点好事便恨不得晓谕天下，则非淡化而是强化"我执"，学名叫"有漏善法"（但也能种个善业，未来得个乐报，只是无法度人）。

布施主要分四种，财布施、无畏布施（给受者以生活的勇气）、身命布施（以身体和性命去布施）和法布施（弘法）。

浮生若梦，前三种布施本质上不过是令穷人、弱者做场好梦而非噩梦罢了。只有法布施，告诉受者"就算我把全部的财富都给你，使你一夜暴富，但富人也有苦，也在寻求解脱"，才能把他从人生大梦中唤醒，故最为重要。

利他是一种"无我"的实践，在"我执"被不断弱化的过程中，凡夫执迷的假象被一一解构，直至证悟"空"。

空杯才能装水，虚怀若谷才能容纳万物，驾驭人心。

空既不是"有"，也不是"无"。说"有"便陷入"常见"，说"无"便陷入"断见"。空包含二者，就像院子里的枯树看上去光秃秃的，似乎已然"无"了，但忽如一夜春风来，它竟然开花了，"真空生妙有"了。惊叹之余，觉者却能立刻意识到"宛然有，毕竟空"，不为镜花水月所迷。

色不异空，空不异色。虚空包容万有，无论春花秋月还是鸢飞鱼跃，一切都是短暂的，又是永恒的；都是无意识的，又是有目的的。山河大地，处处禅机，乌飞兔走，生生不息。

行文至此，忽然想起一则关于"五随"的故事。

三伏天，禅院的草地枯黄了一大片，小和尚道：

"快撒点种子吧，好难看呀！"

"等天凉了。"师父说，"随时。"

中秋节，师父买了包草籽，让小和尚播种。秋风骤起，草籽还没落地便被吹上了天，小和尚喊道："不好，种子都飞走啦！"

"没关系，吹走的多半是空的，撒到土里也发不了芽。"师父说，"随性。"

播撒完毕后，几只小鸟飞来啄食，小和尚急道："哎呀，种子都被鸟吃啦！"

"没事，那么多种子，吃不完。"师父说，"随遇。"

夜里下了场暴雨，清晨小和尚冲进禅房，垂头丧气道："这下真完了，好多种子都被雨给冲走了！"

"冲到哪里，就在哪里发。"师父说，"随缘。"

过了段时间，禅院的地面上长出许多青翠的草苗，连不曾播种的角落也泛起绿意。小和尚高兴得直拍手，师父点头道："随喜。"

思无邪

一沙一世界，一花一天堂。无限掌中置，刹那是永恒。

"思无邪"语出《论语》，是孔子对《诗经》的概括，意为"不虚假"，这与学佛的目的"打破无明见真实"异曲同工。

佛法偏重自力，讲求内修外弘。

何为内修？

《六祖坛经》有言："菩提般若之智，世人本自有之。只缘心迷，不能自悟。"

众生本自具有究竟圆满的智慧种子（佛性），只不过因蒙尘而未能发芽。一旦浇水施肥（修行），便可能开花结果，无所不晓，竖穷三际，横遍十方。

这么说并不夸张，因为宇宙中的每个点都同其他所有点有联系，用《华严经》的话说便是"一即一切"。因此，心的本质即宇宙的本质，宇宙无限，心亦无限。

何为外弘？

大梦你先觉，可不要独觉，发菩提心，行菩提行，帮助其他人也醒来吧。

虽然大乘佛教主张以度一切众生为己任，但也强调"悲智双运"。悲者，慈悲也，发愿度化所有人；智者，智慧也，度到哪算哪，尽力而为，不要自我感动，期待回报。

换言之，"度"应该是不着相的。

同理，"悟"也应当不着相，执着于"有悟"仍是迷惑，悟到"烦恼即菩提"方是真悟。

烦恼是虚幻的，若对立分别，念念将之断除，是仍将其当作真实的存在，离悟差得还远。最好的修行是不急不躁不刻意，却随时随地在修行。

由此观之，佛非常看重智慧，"唯识论"（识即五蕴中的"识蕴"）更是在眼识、耳识、鼻识、舌识、身识、意识之外，深入到人的潜意识，提出第七识"末那识"和第八识"阿赖耶识"。

"末那"意为"执着"。如果意识是程序，"末那识"就是编程者，就是人的认知、固习、价值判断，比如喜香、好色、自我、恶臭、畏死、妒忌。

"阿赖耶"意为"藏"。如果说"末那识"是"意根"，"阿赖耶识"就是"意种子"。它永恒不灭，像串念珠的线一样衔接起人的每一世生命，是轮回的主体（好比国产游戏《轩辕剑》的每一代主人公和时代背景都不同，但总有一把贯穿所有故事的轩辕剑）；又像大海一样储存着人在世间造的各种业，是果报的成因（或如田地，前六识所造之业，无论善恶，都会通过"末那识"播种。田地一并接受后，将来又通过"末那识"萌发。有漏种子展开杂染的世界，制造烦恼与痛苦；无漏种子展开清净的世界，走向觉醒和解脱）。

智慧是建立道德的基础，没有前者，后者便只是机械的模仿，虚假的表演——这是佛教对伦理学最大的贡献。

相比之下，儒教有两大问题，一是侧重社会层面，为统治服务，而较少关注个体生命；二是把义和利对立起来，如《汉书·董仲舒传》里的名言"正其义不谋其利"。殊不知利己是本能，若没有更强大的力量（超越性的信仰）来约束人对利益的追求，其结果只能是在反复纠结中沦为伪君子。

佛的道德是一种自我要求，自我期许，而非上位者给下位者戴的紧箍咒。事实上，一个人有没有德，很大程度上取决于他是否想通了人生的道理和目标。当他洞悉道德之于生命的意义后，基于对自身负责，也会选择正向和长期的行为，因为他本人就是道德实践的受益者——不仅对眼前有益，还对未来有益；不仅对自己有益，还对他人有益。

反过来说，缺德是不可能给人带来真正的利益的。因此，道德不是他律和驯化工具，而是自律与大彻大悟。也正因如此，道德的堕落在佛看来，实际上是智慧的缺失，即所谓"迷"。

当人陷入"迷"（无明）的状态，立马心烦意乱，四顾茫然；而当人进入"悟"（明）的状态，又瞬间晴空万里，一片澄澈。

迷和悟不过一步之遥，因为生命本身就是独立与自足的，只因我们迷失了自我，才向外寻求寄托。可惜，外在的寄托都是无常的，不可靠的，只会令人一惊一乍，疲于奔命，机关算尽，如履薄冰。

早知灯是火，饭熟已多时。道在心中，只需开发内在的觉性，走出迷惑的泥潭，就能达到彻底的解脱。

解脱不是放弃，而是放下，不再妄执。当修行者通过"悟无我"与"证空性"而"见实相"后，他就拥有了对生命正确、透彻的认识，成为一尊悲智圆满、六通四辟的佛。

附录一

漳州三平大师碑铭并序

王　讽

　　得菩提一乘，嗣达摩正统，志其修证，俾人知方。则有大师，法名义中，俗姓杨氏，为高陵人。因父仕闽，生于福唐县。

　　年十四，宋州律师玄用剃发。二十七具戒。先修三摩钵提，后修奢摩他禅那。大师幻悟法印，不汩幻机，日损薰结，玄超冥观。先依百岩怀晖大师，历奉西堂、百丈、石巩，后依大颠大师。

　　宝历初，到漳州。州有三平山，因芟刹住持，敞为招提。学人不远荒服，请法者常三百余人。示以俗谛，勉其如幻解脱；示以真空，显非秘密度门。虚往实归，皆悦义味。知性无量，于无量中以习气所拘，推为性分；知智无异，于无异中以随生所系，推为业智。以此演教，证可知也。

大师一日病背疽，闭户七日不通问。洎出，疽已溃矣。无何，门人以母丧闻，又闭户七日不食饮。

武宗皇帝简并佛刹，冠带僧徒，大师至于三平深岩。至宣宗皇帝稍复佛法，有巡礼僧常肇、惟建等二十人，刺史故太子郑少师薰，俾葳其事。旬岁内，寺宇一新，因旧额标曰"开元"。于噷！知物不终完，成之以裨教；知像不尽法，约之以表微。

晦其用而不知其方，本乎迹而不知其常。咸通十三年十一月六日，宴坐示灭，享年九十一，僧腊六十五。

讽自吏部侍郎以旁累谪守漳浦，至止二日，访之，但和容瞪目，久而无言。徵其意，备得行止事实，相见无间然也。问曰："《周易》经历三圣，皆合天旨神道。注之者以至虚而善应，则以道为称。以不思而玄览，则以神为名，达理者也。经云'隐而显，不言而喻，不疾而速，不行而至'，后之通儒，有何疑也？"异日，又访之，适有刑狱，因语及。师曰："孝之至也，无所不善，有其迹乃匹夫之令节。法之至也，莫得而私。一其政，则国之彝典。"其于适道适权又如此。

言讫，颔之，不复更言。今亡矣！夫强拟诸形容，因
为铭曰：

> 观迹知证，语默明焉。
>
> 观证知教，权实形焉。
>
> 体用如一，曷以言宣。
>
> 太素浩然，吾师亦然。
>
> 观其定容，见其正性。
>
> 不阅外尘，朗然内净。
>
> 智圆则神，理通则圣。
>
> 师能得之，随顺无竞。
>
> 吾之行止，师何以知？
>
> 得性之分，识时之机。
>
> 达心大师，邈不可追。

三平山广济大师行录

王　讽

　　夫儒、道、释分为三教，乃戒、定、慧总摄一心。何以知然？夫子赞有道而贬不仁，归乎戒；老君尊中虚而鄙贪欲，契于定；吾佛般若而悯愚痴，靡通其慧，复以禅和方便，敷大愿力，布慈云于广漠，洒甘露于长空。若无则儒道扶将，释尊中立，如其大器，左右皆源，是以圆应顿机，单传瑶印。

　　西竺始自迦叶，东震至于南能。思、让分灯，一迁列派，至第四世有大开士，法讳义中，本居高陵，俗姓杨氏。因父仕闽，于甲子岁而生福唐，白光满室。虽居襁褓，不喜荤辛。丁丑岁，随父任官至宋州。年十四，投于律师玄用出家。二十七岁，削发受具。多穷经史，长于《周易》，先修奢摩他、三摩钵提，后修禅那。因览《禅门语要》云："不许夜行，授明须到。"师乃喜曰："系辞不云乎，'惟神也，不疾而速，不行而至'。"似有感动，未能决疑，缘是肩锡云游。

先造百岩怀晖禅师，次依西堂智藏，后谒百丈怀海，巾侍十年。乃往抚州，石巩才见便开弓云："看箭！"师乃当前擘胸。巩收箭云："三十年来，张一枝弓，挂三只箭，而今只射得半个圣人。"师进云："作么生是全圣？"巩弹弓弦三下。师乃巾侍八载。末后南游灵山，礼见大颠，云："卸却甲胄来。"师退步而立，由是妙造空中，深了无碍。复引韩愈侍郎，通入信门。自此放旷林泉，优游适性。

宝历初，遂辞大颠，游于漳水，至于开元寺之后，卓庵建三平真院。会昌五年乙丑之岁，预知武宗皇帝沙汰冠带僧尼，大师飞锡入三平山中。先止九层岩山鬼穴前，卓锡而住，化成樟木，号"锡杖树"。次夜，众祟异师，抛向前面深潭，方乃还来，见师宴坐，俨然无损。一夕寝次，复被众祟异向龙瑞百丈潭中，以笼聚石沉之。其水极峻，观者目眩。及乎回，见大师如故。于是遽相惊讶，仰师之道，钦服前言："乞为造院，愿师慈悲，闭目七日，庵院必成。"师乃许之。未逾五日，时闻众祟凿石牵枋，劳苦声甚，师不忍闻，开眼观之，院宇渐成，惟三门未就。怪徒奔走，其不健者化成蛇虺。有大魅身毛楂楂，化而未及，师戏擒住，随侍指使，曰"毛侍者"。然后垦创田地，渐引禅流，南北奔驰，不惮巇险。

至大中三年，宣宗皇帝重兴佛法，本州刺史郑公，久钦师德，特迎出山，请入开元，为国开堂，奏赐"广济"禅师。大中十年，建观音殿。咸通元年，架祖师院。至咸通七年，春秋渐迈，于寺西山下建草堂，时复宴息。咸通十三年十一月初六日，集门人曰："吾生若泡，泡还如水。三十二相，皆为假伪。汝等有不假伪底法身，量等太虚，无生、灭、去、来之相。未曾示汝，临行未免老婆。"闭目长嘘而化。寿九十二，僧腊六十五。门人移真身于草堂，建于石塔，置田安众，号"三平塔"。

今三平山院者，面离背坎，左生锡杖树，右澍虎爬泉，东连大柏山，南接百丈漈，西有九层岩，北耸仙人亭，台水口峰若龟浮，径头岭如虹，广济沼沚，韩文祠堂，鬼斧神工，灵蛇锦色，其余胜概，笔舌难周。

岁咸通十四年正月上元书。

附录二

老庄兼论

无为而治

《庄子》里有则寓言，说黄帝有一回访问名山，途中迷了路，问道于牧童。

牧童指明方向，黄帝见他气质不凡，便请教治国之道，得到的回答是：治天下与牧马一样，不过"去其害马者而已"。

黄帝拜服，叩头行礼，口称"天师"。

很显然，庄子认为治国之道无非"除弊"二字，顺应趋势罢了，这与老子的"无为而治"一脉相承。

《道德经》是讲给统治者听的，"无为"正是其政治思想的核心。我无为而民自化，我好静而民自正，我无事而民自富，我无欲而民自朴。

无为不是什么都不做，而是不要违背事物本身的发展规律，顺其自然地去做。比如人要吃饭睡觉，无为不是让你不吃饭，不睡觉，而是遵循自己的生物钟、身体状况以及外界环境的变化来吃来睡。

由于"饥来则食，倦来则眠"，没有丝毫勉强，所以做了也感觉不到，春风化雨，润物无声。

推而论之，怎么养生就怎么治国。生活规律，淡泊无欲，身体自然健康；不折腾，顺天应时，则天下大治。正如《淮南子》所言："勿惊勿骇，万物将自理；勿扰勿攖，万物将自清。"也就是说，如果社会是一面湖水，越用力使之平静，它反而越不平静。但若不扰动，它自会平静。

在老子看来，汲汲于丰功伟绩的政府并不可取，好政府都是无甚作为的。这与保守主义的政治主张不谋而合，即认为人的认知极为有限，相比于大千世界不过是沧海一粟。因此，只有让细碎的知识自发生长，一点一滴拼接，才可能长出枝繁叶茂的大树，正如哈耶克所言："人们赖以成功的很多制度，都是在既没有人设计也没有人指挥的情况下自然形成，自然运转的。并且，相隔五湖四海的人们通过自发协作而创造的东西，常常是我们的大脑永远也无法充分理解的。"

与之相对的是理想主义，认为人是万物的灵长，自有天地以来，一切自由和秩序皆是人的设计与行动的产物。人类完全有能力用理性之光照亮整个世界，在人间建造天国。于是，20世纪的一百年，各国做了各种社会实验，在看到"通向地狱的路往往是由美好的愿望铺就的"后，汉娜·阿伦特写下《极权主义的起源》。

历史学家阿克顿勋爵曾言："历史上的丹东总是输给历史上的罗伯斯庇尔。"

法国大革命时有三个激进的革命领袖，其中马拉是被刺客杀害的，而丹东最著名的口号则是"大胆，大胆，再大胆，法国就得救了"。

即便如此，丹东还是被罗伯斯庇尔送上了断头台，只因他在某些方面仍旧主张宽容，说"要爱惜人类的血"。

丹东在被押赴刑场前曾诅咒罗伯斯庇尔道："下一个就是你。"果然，仅仅四个月后，罗伯斯庇尔便在热月政变中被处死。

激进者只要还有底线，就总会输给更激进、更无底线之人。事实上早在 1790 年，大革命爆发的第二年，英国学者埃德蒙·伯克便出版了后来被奉为保守主义奠基之作的《法国革命论》，对法国大革命大泼冷水。

埃德蒙·伯克反对法国大革命，不是要否定"自由""平等""博爱"，只是不相信打着这些旗号的人能改造出一个更好的世界。而这，正是保守主义者的基本立场：对人类理性持怀疑态度。

在他们看来，人类社会不是机器，哪坏了修哪，而是极为复杂的有机体，没有任何人的智慧可以洞察它运行的全部规律。当然，总有人能发现一项变革所带来的好处，但他往往看不到其背后隐藏的代价。于是，那些热火朝天的改革，往往结局惨淡，甚至与改革者的初衷背道而驰。因此，古人云："利不百，不变法。"

船大掉头难，没有一百倍的好处不要尝试变革，因为必须留下九十九倍的空间来对冲那些潜在的、不可知的风险。

概言之，保守主义者不是反对改变，而是要求谨慎改变，顺势而为。他们提倡将所有的利益相关方都请进会议室，一起投票，共同决定。

那么问题来了，谁是利益相关者？保守主义者认为，可不单单是这一代活着的人，因为在我们之前，世界已经存在；当我们死后，太阳照常升起。所以，埃德蒙·伯克道："国家不仅是活着的人之间的合伙关系，也是活着的人、已死的人和将出生的人之间的合作关系。"

这就是为何北宋史学家范祖禹要对宋哲宗说：

一言一动如祖宗临之在上，质之在旁，则可以长享天下之奉而不失矣。

意即干每件事都想象祖宗就坐在身边，随时问你行事的理由。只要怀着这个念头，天下便坏不到哪去。

这就是政治保守主义者，经常扮演祖先代言人的角色。此外，会场上还应该有财政保守主义者，扮演子孙代言人的角色，对一掷千金的决议踩刹车道："吃相别太难看，给后代留一点。"

由此可见，保守主义者并不狭隘，而是穿透了过去、现在和未来，为妄想通过一个纯粹的概念来打造乌托邦的狂热分子提供一种更广阔的视野。

历史的走向印证了埃德蒙·伯克的推断，也给雨果带来《九三年》里的反思：人不应该为了行善而作恶，推翻王位不是为了永久地竖起断头台，打落王冠的同时要放过脑袋。

此即经验主义的主张，即从不相信世上存在什么包治百病的思想。

《史记》里有一篇《货殖列传》，专门记载商业现象。司马迁对商业活动的自发秩序感到惊奇，列举了各地的特产，说粮食需要农民来种，器具需要工匠制作，而所有的物资又经过商人辗转流通。如此复杂的系统，难道是政府安排的吗？当然不是。人们只不过各尽其能，想方设法获取自己需要的东西。不用政府征召，货物便会出现在价格合适的地方；不用政府逼迫，民众自会努力生产，参与交换。

两千年后，西德的崛起做了完美的注脚。

二战结束后不到十年，西德便从一个百业凋敝的战败国发展成为欧洲大陆上经济最强大的国家之一，原因即在于其经济部长艾哈德下令取消了几乎所有对工资和物价的管制。于是，只用了几个月，萧条的经济便像被施了魔法一般繁荣起来。

经济杠杆自会调节社会生产，从而提高生产力。对不相信这一点的人，庄子曾经讲过一个"凿七窍"的故事，说南海之帝与北海之帝见中央之帝"混沌"没有耳朵，听不见美妙的声音；没有眼睛，看不到美好的世界；没有嘴巴，尝不了美味佳肴。二帝心下不忍，以为人皆有七窍，故决定每天在混沌身上打个洞。岂料到了第七天，混沌一命呜呼。

人总是按照自己的意志去改造世界，殊不知这正是天下祸乱的根源。

春秋时，子产主政郑国期间曾刻刑法于鼎，晋国大夫叔向给他写信表达自己的失望，说"国将亡，必多制"，认为"法繁于秋荼，网密于凝脂"乃亡国之兆。子产回信道："以我的才能，还考虑不到子孙后代的长治久安，只能挽救当下罢了。"

老子认同的无疑是叔向，所以才说"法令滋彰，盗贼多有"。的确，法的威严来自程序正义，来自人们相信法律环境是公平的，违法的结果是可预期的，司法过程是公开透明的。舍此，即令法网再严，乃至照搬朱元璋的"剥皮实草"，一样无济于事，还可能使良民蒙冤，酷吏逞凶。

在老子看来，如欲"盗贼无有"，只能"绝巧弃利"；如欲"民复慈孝"，只能"绝仁弃义"。因为"大道废，有仁义；智慧出，有大伪；六亲不和，有孝慈；国家昏乱，有忠臣"。

老子眼中的历史演化，是一个由治到乱的过程。上古的政治合于"道"，后来社会乱了，但总算还合于"德"。紧接着更乱，"德"没了，方有"仁"（有亲疏之别的爱）。再后来，"仁"都没有了，便有了"义"（做应该做的事）。"义"也没有了，才有了"礼"。

"礼"就是外在规范，如果还约束不了人，便只能靠"法"来恫吓与制裁。

随着礼崩乐坏，政治也越来越复杂——道的时代，小国寡民，一切因势利导；而礼的时代，儒家有所谓的"礼仪三百，威仪三千"，出了名的繁文缛节。

老子心中的理想社会在道的时代，无为而治，人民"甘其食，美其服，安其居，乐其俗。邻国相望，鸡犬之声相闻，民至老死不相往来"，一片欣欣向荣的田园牧歌之景。

问题是老子又没去过上古，凭什么铁齿论断人类的蒙昧时代其乐融融？

诺贝尔文学奖得主戈尔丁在架空小说《蝇王》里虚构了一群因飞机失事被困在一座荒岛上的儿童，起初他们尚能和睦相处，后来因为人性里的恶肆意膨胀，相互残杀，最终产生了由强者操控的集权政治。

《蝇王》的故事是《利维坦》的真实写照。在这部划时代的西方政治学名著里，作者霍布斯认为，国家尚未诞生以前，所有的社会制度和法律规范皆不存在，只有人性发挥作用。而霍布斯笔下的人，本质上是一种有欲望且追求欲望的动物，得陇望蜀，永不餍足。因此，在无法无天的自然状态里，人和人一直处于争斗之中，不死不休。

为了终结这你死我活的悲惨生活，人们缔结契约，让渡权力，建立了国家。在霍布斯看来，国家的出现与王室的继承和贵族的特权无关，而是旨在保护我们免受"所有人对所有人的战争"之苦。从"君权神授"到"君权人赋"，霍布斯提出了国家合法性的来源：为每一个人提供基本的秩序和安全。

利维坦在《圣经》里是一种邪恶的海怪，自然人放弃各自的权利造出"国家"这个为所欲为的庞然大物，臣服于"主权者"（国君）的淫威之下。

即使主权者为非作歹，也是所有人授权的。大家心知肚明，有个主权者总比没有强，谁也不想再过明枪暗箭，朝不保夕的日子。然而，安稳的代价是主权者的权力无远弗届，经济、政治、法律自不在话下，连道德与信仰也是国家的管控目标。

这在老子看来，不符合治道。

魏明帝时，陈矫担任尚书令。一次，曹叡忽然造访，陈矫赶紧迎驾，问道："陛下这是想去哪？"曹叡说："朕就是到你这儿，进来看看公文。"陈矫说："看公文是臣子的职责，不是陛下该做的。如果陛下觉得微臣不称职，就罢免微臣好了。"

曹叡觉得有理，调转车头而去。

《管子》里有一章，讲的是心与九窍的关系。说在人体内，心处于君主的位置，眼耳口鼻处于臣子的位置。心如果被欲望填满，九窍就会功能紊乱，视而不见，充耳不闻，上失其道，下失其事。

心既不能看，也不能听，仿佛是无为的。但唯其如此，九窍才能各司其职。因此，君道就是心道，"我心治，官乃治；我心安，官乃安"。统治者越不任性妄为，老百姓就越有干劲；国家管得越多，官僚集团的寻租空间就越大。文景之治时，西汉政府坚持黄老无为，为改善经济，恢复国力，放活微观，即是此理。

当然，更多的人向往的是赵宋，他承载了世人对"完美政府"的想象，即权力最小而责任最大——从限制公民自由方面来说是一个"小政府"，从提供公共服务方面来讲是一个"大政府"，可以同时满足人性当中对自由的追求和对稳定的向往。

然而在任何文化语境里，如果没有外部约束，统治者都希望权力尽可能大，直至予取予求；而责任尽可能小，乃至不闻不问。亦即没有什么事是他不能做的，也没有什么事是他必须做的。

统治者想当有权无责的"人主"，被统治者想要有责无权的"公仆"，这就产生了难以调和的矛盾，促使双方坐下来谈判，规定政府必须承担哪些责任，公民要保留哪些权利。

人类社会通过漫长的试错，发现不遭遇权力最大而责任最小的"聚敛政府"已是万幸，"完美政府"则几乎不可能实现，于是退而求其次，探讨什么才是"次好政府"，到底是权大责亦大，还是权小责亦小？

最好政府不可期，次好政府难确定，唯一达成共识的是：人类文明要努力消灭权大责小的"最坏政府"，典型案例就是万历皇帝——二十年不上朝，却拥有对一体臣民生杀予夺的大权。

消灭的办法有两条，即"问责"和"限权"，但要避免"问责"戴上"扩权"的面具，"限权"披上"卸责"的外衣。比如以调节分配、实现公平为名征收二次税，把"发挥市场自身的作用"当作懒政怠政的借口。

没有人能掌握全部的"分散知识"，政治家也一样。当人放开了自己，放下了控制，就会理解老子的教言：

> 我无为而民自化；我好静而民自正；我无事而民自富；我无欲而民自朴。

一事无成的人生值得一过吗？

诺奖得主石黑一雄的小说《别让我走》曾被改编

为同名电影。

影片弥漫着一股末世苍凉之感，开篇却如《放牛班的春天》一般欢快，唯一不同的是那些身穿灰毛衣用稚嫩嗓音唱校歌的孩子都是克隆人。

他们一出生就被圈养在远离都市的学校，与世隔绝。卡车会定期送来玩具，得到通知的孩子们脸上洋溢着幸福的微笑。而当镜头拉近，映入眼帘的却是长短不一的蜡笔和缺胳膊少腿的布偶。

及长，他们被告知不许吸烟——这并非出于老师对学生的关爱，而是因为他们的身体根本不属于他们自己。一俟本尊衰老或患癌，这些克隆人就会被推进手术室捐献器官。一般最多"捐赠"三次，克隆人便会死亡。没死的也不再插管，任其自生自灭。

汤米和凯西是一对青梅竹马，他们在海尔森寄宿学校长到 18 岁，然后同其他克隆人一道，被分配至一座农场等待捐赠。

他们对周遭的一切都感到好奇——偷看成人杂志，模仿电视里的角色说话，还在外出吃饭时遭遇了不会点餐的尴尬。

几年后，克隆人陆续凋零，汤米则解开了一个萦绕多年的心结，意识到凯西正是自己至死不渝的真爱。

即将接受第三次"捐赠"的汤米不甘心撒手人寰，他决定验证一条传闻：海尔森与其他寄宿学校不同，是一个检视克隆人是否拥有和正常人一样完整灵魂的试点单位。一旦确证为"有"，则可申请"缓捐"，多活几年。

汤米想起小时候在海尔森，校方会郑重其事地把优秀的学生画作收藏到画廊里——这不正是一套筛选机制吗？而他与凯西纯粹的爱，则更是具备完整灵魂的有力证明。

可惜，当两人费尽周折找到当年的校长时，对方只用一句话便彻底粉碎了他们的幻梦：根本没有所谓的"缓捐"。

汤米绝望了，在回去的路上下车嘶吼。凯西知道任何劝慰都无比苍白，只能对着旷野默默流泪。

认命的汤米被推上了手术台。凯西在窗外看着此生唯一的爱人无望地闭上空洞的双眼，也做好迎接自己命运的准备……

很多观众对这部电影提出质疑：为什么他们不逃呢？的确，克隆人成年后，并没有人限制他们的人身自由。可是以其低下的生存能力，又能逃到哪去呢？就像古代还有"隐士"一说，可现在连终南山都商业化了，充斥着短视频博主。

事实上，我们每个人都是"捐赠者"。活在世上，要么卖力，要么卖身。而我们从小到大被灌输的价值观也同寄宿学校对克隆人的洗脑别无二致：你人生价值的高低取决于你对这个社会是否有用（捐赠）。

于是你辛勤劳作，以便糊口，直至终老，最后像电影里的克隆人一样——当所有重要器官都被移植，所余机体再也无法维持生命时，眼睁睁地看着白布盖上，电灯熄灭，赤条条离去，没在世间留下任何存在过的证据。

不管哀号如何声嘶力竭，擦干泪你还是得走向办公室、屠宰场，怨恨命运的不公又有什么用呢？

南北朝思想家范缜在《神灭论》里举过一个例子：飘茵堕溷。意即：一样的落叶，有的飘到席垫上，有的飘进茅厕里。当它们都长在同一棵树上时，哪来如此大的差异呢？

人生亦如此。

生命之签在你呱呱坠地的那一刻便已抽定。有人一手好牌，有人一手烂牌，还有人连牌桌都上不了。

时也，运也，命也。

时来天地皆同力，运去英雄不自由。为什么比尔·盖茨和史蒂夫·乔布斯都出生于 1955 年？《异类》一书的解释是：因为 1955 年前后爆发了计算机革命，如果你生得过早，就无法拥有个人电脑；而生得过晚，先机又会被别人占去。

该书通过分析大量成功人士的案例，得出一个结论：如果没有良好的机遇与合适的环境，即便是智商高达 195 的天才，也只能干一份年薪 6000 美金的保安工作。

同理，哈佛大学的哲学教授桑德尔指出：经调查，在 146 所优秀的美国大学里，申请难度最高的学校仅有 3% 的学生来自低收入家庭，而 70% 的学生都来自富裕家庭。

经济学家弗兰克·奈特的研究为此作了注解，即"对一个人的未来最具决定意义的是他的出身，其次是运气，而个人努力相比之下是最不重要的。"

听上去充满了负能量，可只要看过 BBC 的《人生七年》，你就会得出相同的结论。

在这部纪录片里，导演挑选了 14 个 7 岁的英国孩子，每隔 7 年拍摄一次他们的生活状态，直至 63 岁。最后，几乎所有孩子都维持在他们的阶层里，中产阶级出身的长大后依然过着较为富足的生活，而贫困家庭的孩子无论怎么挣扎，还是免不了止于平庸，艰难度日。

对此，罗尔斯的见解是："就算是工作的干劲和奋发的意愿，也有赖家庭或社会环境的塑造。"

富士康流水线上的工人不勤劳吗？可他们连谈论"努力"的资格都没有。谈资属于"家族传承吾辈责"。

美国心理学家托马斯·鲍查德的一项研究表明，命运的剧本可能早就写好，用古人的话说便是"一命二运三风水，四积阴德五读书"。

通过观察同卵双胞胎，鲍查德发现孪生子即使被收养在两个完全不同的家庭，成长于迥异的环境，长大后其人格特征依旧表现出惊人的一致性。

于是问题来了：我们的生活习惯、意识形态和喜怒爱憎是由什么决定的？个人拼搏在成功的因素里究竟占多大比重？人到底有没有自由意志？

庄子认为没有，所以讲了个影子的故事。

影子的影子问影子："你一会儿坐着，一会儿起身；一会儿束发，一会儿披发。怎么就没个主心骨儿呢？"

影子回答说："可能是因为'有待'吧。我所待的东西也有它的'所待'，有光的时候我就出现，没光的时候我就消隐。我是谁的影子就跟着谁一起活动。"

这与佛家的"缘起法"不谋而合，即"世界的规律就是因果律，既没有无因之果，也没有无果之因，万事万物都陷在因果的链条里挣脱不出"。

没有任何无缘无故的事，万物皆有理由，并且都是必然的。所谓的偶然——即你会觉得一件事情的发生是随机的，无非由于你没开上帝视角，从而缺乏有效的观察手段。

斯宾诺莎有言：人的意愿是被一个原因所决定的，而这个原因又为另一个原因所决定。如此递进，以至无穷。

正因如此，笛卡尔反思道：很久以来，我感觉自己从幼年起便把一大堆错误的见解当作真理接纳了，那些根据极不可靠的原则所构建的东西事实上是非常可疑的。我认为，如果想在科学上建立某种牢靠而经久不变的理论，就必须把我历来信以为真的观念统统清除，再从根本上重新开始。

然则谈何容易？我们从小就被动接受的种种定论，无论是真实的还是荒谬的，往往正是我们之所以成为"我们自己"的关键所在。

因此，当现代化在带来人身依附关系的解放后，一个个空虚的个体又建立起对物的依赖——宁可当算法和消费主义的奴隶，也不愿做一无所有的自由人。

马克思认为：人是一切社会关系的总和。涂尔干的《自杀论》用统计数据作了注脚：在拥有相似文化背景的新教、天主教和犹太教社会里，教徒的自杀比例是依次递减的，这与教派诞生的时间呈负相关——历史越悠久，自杀率越低。

涂尔干据此分析：宗教是一个社会，教徒必须遵守林林总总的信仰和教规。集体生活越多，教派对离经叛道的行径的约束力就越强。

正因新教出现得最晚，教会不如天主教和犹太教的稳定，所以才对自杀行为的干预不那么牢固。

事实上早在先秦就有人想挣脱社会关系的束缚，比如提出"人人不损一毫，人人不利天下"的杨朱，主张个人对世界应采取"不予不取"的态度。若人人皆能如此，则天下大治。

假若有个富二代，沉迷游戏，不愿上班，家长想尽千方百计也无济于事。那么，与其不断拉扯，天天吵架，倒不如就让他高高兴兴地打游戏好了，反正衣食无忧，深居简出还省钱。

中国的父母一定觉得匪夷所思：怎么能坐视他变成一个废物？

听上去义正词严，可仔细想想，谁规定了人必须要成为一个对社会有用的人？有没有用又由谁来界定？哈耶克就曾质疑：领着政府工资的博物馆馆长，一定比喜好古董的私人收藏家更有用吗？

游戏被称作"第九艺术"，许多作品的思想内涵已不亚于一些文学经典。你无法否认，当富二代一直钻研下去，未尝没有成为艺术家的可能。

两千年前，所有的古希腊人都不知道阿波洛尼乌斯研究圆锥曲线有什么用。直到17世纪，伽利略证明物体沿抛物线运动以及开普勒发现行星以椭圆轨道运行时，人们才恍然大悟。

这就像何夕在科幻小说《伤心者》中讲述的故事：

主人公对数学的痴迷导致他与世俗生活格格不入，在爱情和事业方面屡受重挫。他虽然破解了一道艰深的难题，却潦倒终生，籍籍无名。然而一百多年后，他的研究成果被一个物理学家从历史的尘埃中打捞出来，运用到一项求证里，为人类科学的重大突破做出不可替代的贡献。

从这个角度看，欧几里得的刻薄不无道理——一个听众问他学几何有什么好处？欧几里得把下人叫进来，说："去拿三分钱给这位青年，因为他一定要从他所学的东西里得到好处。"

而另一个古希腊人，戏剧家欧里庇得斯则心安理得地混日子。他继承了一大笔遗产，除了买书，足不出户。整日看书，不问世事。

虽然他因戏剧成就青史留名，但对他而言这不过是生活的调剂罢了。退一步讲，即使欧里庇得斯一部戏也没创作，又有什么可指摘的呢？同理，一个人打了一辈子游戏，没有伤害到任何人，反倒为文化产业的发展贡献了绵薄之力。

因此，从功利主义的角度看，一个无所事事的有闲阶层，其存在对社会进步意义重大。

孔门弟子中，子贡善经商。他的后人端木叔继承了巨额遗产，好吃懒做，每天都要款待数以百计的宾客，厨房烟火不绝，厅堂夜夜笙歌。

即令如此，家产还是败不光，于是端木叔摇身一变成了散财童子，先是把钱分给宗族，继而布施给街坊邻居，最后竟广撒于卫国民众。

60岁那年，端木叔感到身体不行了，索性散尽家财，把周围的人都轰走。及至他病倒，竟然没钱买药，死了以后更是连丧葬费都出不起。最后，还是受过端木叔施舍的人凑钱，才将他勉强下葬，其部分子孙也得到接济。

墨家的禽滑釐听说后，批判道："这是一个放荡的人，辱没了他的祖先。"魏国宰相、孔子的再传弟子段干木却说："端木叔是个通达的人，德行比他的祖先更好。"

舆论之所以会否定端木叔和游戏成瘾的富二代，源自我们潜意识里觉得不劳而获是可耻的。可问题是，享受遗产而不工作，究竟有什么不道德的？

即令端木叔聪明绝顶，能力非凡，只要稍加勤勉便能成为第一流的政治家，但一个人仅仅因为拥有某方面的特长，就必须发挥其特长吗？无论他有没有更想过的生活？

竹林七贤里，刘伶才高八斗，却最不追求不朽，一生只写过一篇《酒德颂》。他经常携酒乘坐鹿车，命人荷锄跟随，放言"死便掘地以埋"。

得知朝廷特使来访，刘伶立刻喝得酩酊大醉，用耍酒疯躲避征召。而当有人要打他时，刘伶则贱贱地说："我瘦得像鸡肋，打我你拳头也不舒服。"对方闻言，悻悻作罢。

刘伶参透了"无用之用"，就像庄子笔下的那则寓言，说一个木匠前往齐国，半路上看到一棵栎树，被当地人视为社神，享受祭祀。此树又粗又高，可容几千头牛乘凉，观者如堵。然而木匠路过时却目不斜视，径自离开。

木匠的弟子追上他，不解道："这么大的木材，闻所未闻，您怎么看都不看一眼？"

木匠说："那种'散木'，做船船沉，做棺棺朽，做器具容易折毁，做房梁会被虫蛀——不材之木，一无是处，所以才能活这么久。"

当晚，木匠梦见栎树来找他。

栎树愤然道："你在用什么标准衡量我？看看那些有用的果树，被人摘了果子，折了枝条，活不到自然的寿命，这是受了才能的牵累呀！万物莫不如此。我追求无用已经很久了，其间险些被砍死，但总算保全至今，这才是我的'大用'。如果我有用，能活这么久、长这么大么？况且，你我都是万物之一员，你凭什么这么说我？你这个将死的散人，如何懂得我这棵散木？"

木匠醒来后，把梦讲给徒弟听。

徒弟问道："既然追求无用，为什么还要做社树呢？"

木匠道："不做社树，岂不是很容易遭到砍伐？它的全身之道与众不同，不能以常理度之。"

庄子之意，是说做人应当介于"材"与"不材"之间。用行舍藏，安时处顺，喜怒哀乐不入胸次，简称"无待"。

大鹏要起飞，必须等待风。

这是"有待"。

命运无常，男人的痛苦往往来自志大才疏或怀才不遇。诺贝尔经济学奖得主罗伯特·索罗认为，人类社会从不擅长大规模的收入再分配。"富不过三代"的魔咒在未来也许会消失，因为劳动收入的不平等很难被世代继承，而资本收入的不平等却会日积月累。于是，经济脱实入虚，贫富差距扩大，难以逆转。

在这种大多数人终其一生都要忍受"欲求不满"的环境里，一个人野心太大，于己多半不幸，即便功成名就，也免不了强迫自己，强求他人。因此，人若能"才高于志"，便已脱离了苦海。要是还能像刘伶那样"土木形骸，遨游于世"，不受任何外部条件的影响，与时俯仰，则堪称"无待"。

庄子的《齐物论》认为，用超然的全局观看问题，就无所谓人生高下，一时输赢，也就不会活在偏见里。

时间会冲淡一切。多少丰功伟业，悲欢离合，最后都会变成人们可有可无的谈资，而你今天在乎的人和事，很可能连后人的谈资都做不了。

唯一不变的，是山河湖海，日月星辰。

虽然人生宛如一场虚空大梦，可庄子还是给做人画了条底线，即：为善无近名，为恶无近刑。

忘记善吧，也忘记恶，身处善恶的中央，任万物自行发展，不声不响地与大道合二为一，继而刑罚和名誉都会远离自己，达到"虚己以游世"的境界。

假设有人乘船渡河，看见一只空船撞了过来，那么不论其人再怎么性急，也不会发怒。可如果撞来的船上有人，则渡河之人必然大呼小叫，命对方把船撑开。若喊了几声都没回应，他多半便要恶语相加了。可见，生不生气，只取决于来船上有没有人。

因此，"虚己以游世"就是让人像虚舟一样，即使冒犯到别人，也不会令对方感到愤怒，进而加害于己。

蜗牛角上争何事，石火光中寄此身。当人修到"至人无己，神人无功，圣人无名"的境界，就能物物而不物于物（物为我用，而非相反），明白"活着，并不是为了迎合他人的期待"。

一切都如英国作家阿兰·德波顿所言：

过多地关注他人（那些在我们的葬礼上不会露面的人）对我们的看法，使我们把自己短暂一生之中最美好的时光破坏殆尽。

附录三

义中年谱

建中二年（781年）　义中出生

义中生于福唐（今福建福清）。

时马祖73岁，讲禅于江西南康。石头82岁，讲禅于湖南衡山。两人影响很大，史称"自江西主大寂（马祖），湖南主石头，往来憧憧，不见二大士为无知矣"。

百岩怀晖26岁，尚在云游。

西堂智藏44岁，已自立门户。

百丈怀海62岁，也已独自传法。

石巩行年失考，但他既为智藏师兄，亦当早为一方宗主。

大颠50岁，八年前（773年）始参石头。

贞元元年（785年） 义中5岁

百岩怀晖投马祖道一门下。

大颠辞别石头，入广东罗浮山。

贞元二年（786年） 义中6岁

唐德宗于章信寺从道澄律师受菩萨戒（佛门三乘里的"菩萨乘"的戒律）。

敕诸寺宣讲，复作盂兰盆会，依代宗时。

贞元三年（787年） 义中7岁

资敬寺僧人李广弘（宗室）勾结军官造反，事泄被杀，连坐死者百余人。

京兆尹（首都行政一把手）宇文炫奏请以乡落废寺为学舍材，德宗诏曰："奉佛之宫，转为儒馆，此侵毁三宝之渐，罪在不宥。"

炫惧，即日自解归。

李泌拜中书侍郎同平章事（即宰相），上言衡山之明瓒禅师高行，德宗遣使征之。明瓒寒涕垂颐，凝然而坐，不以介意。使回以问，德宗益嗟敬。

明瓒初往嵩山从大照禅师习禅，寻往衡山闲居，不事营作，故号"懒瓒"。又云好食僧之残食，号"懒残"。然"时出言语，皆契佛理"，曾对李泌言："慎勿多言，领取十年宰相。"

贞元四年（788 年）　义中 8 岁

马祖道一圆寂，享年八十，僧腊六十。有文纪当时哀送之盛，曰："日变明晦，人萃遐迩。楫覆水而为陆，炬通宵而成昼。山门子来，财施如积；邑里僧供，饭香普熏。"

德宗御通化门，观章敬寺迎御书、院额，阅神策马技。

置左右街大功德使、东都功德使、修功德使，总领全国僧尼之籍及功役。

诏沙门良秀与罽宾国（古代中亚国）般若三藏（僧人、译经家）同译《大乘理趣六波罗蜜经》。

贞元五年（789 年） 义中 9 岁

大颠回潮阳。

德宗遣使慰问法钦禅师，赏赐丰厚。法钦俗姓朱，门第儒雅。钦出家，挂锡（游方僧投宿寺院）于临安（今杭州市辖区）径山，智藏曾奉马祖之命，奉书与之。

德宗诏谓："释道二教，福利群生，馆宇经行，必资严洁，今后寺观，不得容外客居住，破坏之处，随宜修葺。"

良秀等译经成，德宗亲为制序，并命内给事毛瑛琦宣慰，赐绢九十匹。

沙门悟空巡历天竺数年，得其师手授梵本《十地》《回向轮》《十力》三经并佛牙舍利以回。途经龟兹、于阗，二国法师将三经译出。是年，悟空随中使段明秀抵达京师，进献佛牙、经卷，被德宗安置于跃龙门使院，后获封壮武将军。悟空，本姓车，京兆人，玄宗时随使巡按罽宾国。因笃疾，留犍陀罗（古代南亚国），病中发愿，瘳当出家。后投舍利越摩（罽宾国的国师）落发，于迦湿弥罗（喜马拉雅山山麓古国）

受具足戒。

贞元六年（790 年）　义中 10 岁

石头希迁寂，春秋九十一，僧腊六十三。

德宗诏葬于岐阳（今陕西省岐山县）。

佛骨（石头）初置于禁中，后送诸寺以示众。倾都瞻礼，施财巨万。

贞元七年（791 年）　义中 11 岁

德宗至章敬寺赋诗，百僚半和，皆书于壁。京兆尹薛珏请刻于石而填之以金，上从之。

贞元八年（792 年）　义中 12 岁

神策军正将罗好心（印度人，早年移居中原）上表，举荐其表弟般剌若（北天竺迦毕试国人）译经，德宗敕令京城诸寺大德同译，并令右街功德使王希迁、右神策军大将军王孟涉、骠骑大将军马有邻等送梵经出内，缁伍（僧队）威仪，乐部（乐队）相间，士女观望，车骑交骈。

即日赐钱一千贯、茶三十串、香一大合，充其供施。译出《大乘理趣六波罗蜜多经》十卷，《华严长者问佛那罗延力经》《般若心经》各一卷。缮写毕，则设彩车，大备威仪，引入光顺门。德宗慰劳勤至，赐神策军斋食及绢五百匹。

贞元十年（794年） 义中14岁

随父仕官至宋州，投律师玄用出家。

德宗令湖州刺史于頔进沙门皎然之《杼山诗集》，藏于御书殿。皎然，俗姓谢，文章隽丽，当时号为"释门伟器"。子史经书，各臻其极，尤以诗见长。中年谒诸禅祖，了心地法门。有集十卷，于頔为序。

贞元十一年（795年） 义中15岁

德宗令澄观法师入内殿讲经。澄观，俗姓夏侯，越州人，博采各家之学而兼通之。后居五台山大华严寺，多著述，有《华严经随疏演义》等。

贞元十二年（796 年） 义中 16 岁

德宗命皇太子召集诸禅师，楷定禅门宗旨，搜求传法旁证，立荷泽神会为禅宗七祖（东土）。德宗亲制七代祖师赞文，颁行于世。

诏罽宾国般若三藏等僧，于长安崇福寺译乌荼国所进之《华严经》。圆照、鉴虚、灵邃、澄观润文证义，德宗亲御译场，临文裁正，令左右街功德使霍仙鸣、窦文场专领监护。

敕永泰寺置戒坛（僧徒受戒之所）度僧，敕京兆府欢喜和尚与保唐禅宗受戒，缁伍荣之。

贞元十三年（797 年） 义中 17 岁

德宗命沙门端甫入内殿，与儒道议论，赐紫方袍。令侍皇太子于东朝，顺帝（即皇太子李诵）敬之若兄。

追谥楚金（千福寺已故名僧）为"大圆禅师"。

贞元十四年（798 年） 义中 18 岁

三藏般若、澄观法师等进新译《华严经》四十卷。德宗诞辰，命澄观于麟德殿讲新译《华严》宗旨，群臣大集。德宗赐澄观紫衲方袍，礼为教授和尚，复令其作疏，遂于终南山草堂撰成《贞元新译华严经疏》。

贞元十五年（799 年） 义中 19 岁

德宗至安国寺设盂兰盆供，宰辅皆从。

贞元十六年（800 年） 义中 20 岁

德宗命沙门圆照撰《贞元新定释教目录》三十卷。
追谥禅宗二祖（东土）慧可为"大祖禅师"。

贞元十九年（803 年） 义中 23 岁

沙门牟尼室利请行翻译事，乃将玄奘梵本，出《守护国界主陀罗尼经》十卷，德宗檀施（布施）极多。

牟尼室利，华名寂默，贞元九年自那烂陀寺（古印度佛教的最高学府，吸引了玄奘等世界各地的学者）东来，十六年至长安兴善寺。

贞元二十一年（805 年） 义中 25 岁

德宗崩，太子李诵即位，改元永贞，是为顺宗。

顺宗召尸利禅师入内殿咨问禅理，尸利禅师为石头希迁法嗣。

八月，宦官逼顺宗让位，太子李纯登基，是为宪宗。

元和元年（806 年） 义中 26 岁

宪宗诏天下有道行僧赴都，阐扬法化（佛法的教化）。

召沙门知玄入殿问道。知玄，俗姓陈，眉州（今四川省眉山市）洪雅人。五岁能吟诗。出家为沙弥，十四讲《涅槃经》，蜀人号之"陈菩萨"。

命沙门端甫录左街僧事，掌内殿法仪。沙门灵邃录右街僧事。

元和二年（807 年）　义中 27 岁

受具足戒，肩锡云游。数年间，先后拜遏百岩怀晖、西堂智藏、百丈怀海、抚州石巩。

宪宗诏百姓，有苟避徭役为僧道而实无出家之事业者，所在有司科奏之。

诏大义禅师入麟德殿与诸法师议论。大义禅师，衢州（今浙江地级市）人，得法于马祖，住鹅湖（位于江西省上饶市）。既入内，讲其禅法，众皆杜口，宪宗由是益重禅宗。

元和三年（808 年）　义中 28 岁

宪宗诏怀晖入章敬寺毗卢遮那院说禅，朝僚名士，日来参问。又诏入麟德殿，推居上座。

元和四年（809 年）　义中 29 岁

宪宗诏惟宽禅师入见，敕住安国寺。惟宽，俗姓祝，衢州人，马祖道一法嗣。说《心要法门》三十年，度人殆及百千万，门弟子殆千余。

元和五年（810年） 义中30岁

宪宗向惟宽问法于麟德殿。

诏问澄观何谓"华严法界"，并敕有司铸金印，封其为"大统清凉国师"。

敕谏议孟简、补阙萧俛等于醴泉寺监护译经润文，般若三藏译出《本生心地观》八卷。

沙门慧琳撰成《大藏音义》一百卷，敕入大藏（佛教典籍丛书《大藏经》）。慧琳，俗姓裴，疏勒国人。内持密藏，外究儒流，印度声明，支那诂训，靡不精奥。

元和六年（811年） 义中31岁

京城诸僧有请以庄硙（石磨）免税者，宰臣李吉甫谓"钱米所征，素有定额，宽缁徒（僧侣）有余之力，配贫下无告之甿（百姓），必不可许"。

上从之。

李吉甫奏谓，自天宝以后，中原宿兵，见在可计者八十余万，其余为商贾、僧、道不服田亩者十有五六，是常以三分劳筋苦骨之人，奉七分待衣坐食之辈也。

元和九年（814 年） 义中 34 岁

百丈怀海寂。怀海创立禅门规式，《宋高僧传》云："天下禅宗如风偃草。禅门独行，由海之始也。"

元和十年（815 年） 义中 35 岁

百岩怀晖寂。贾岛为文述德，权德舆为撰碑铭。权碑曰："西方之教，南宗之妙。与日并照，百岩得之。"

南海经略使马揔上疏请谥曹溪六祖（慧能），上从之，谥"大鉴禅师"。柳宗元为撰碑铭，云："今天下言禅，皆本曹溪。"

西明寺僧迁寺中毗沙门神（多闻天王）于开业寺，宪宗诏以骑军前后翼卫，其徒以幢盖引侍，数里不绝，观者倾都。

中岳寺僧圆净，与淄青节度使李师道勾结，聚众谋反，事发被捕，党与死者凡数千人。

元和十一年（816年）　义中36岁

宪宗追谥百岩怀晖"大宣教禅师"。

元和十二年（817年）　义中37岁

西堂智藏寂，谏议大夫韦绥追索藏之言行，编入《图经》。

宪宗令乾元寺置"兜率坛"，始全戒足。后以刺史元锡疏陈祥瑞，乃诏改凤栖寺，号"灵感坛"。

命置元和圣寿佛寺于右神策军，赐兴佛寺绢布一百匹。

元和十三年（818年）　义中38岁

功德使上言："凤翔法门寺塔有佛指骨，相传三十年一开，开则岁丰人安。来年应开，请迎之。"

宪宗遂遣中使迎之。

佛舍利至京师，宪宗命留禁中三日。

入夜，佛舍利大放光明。宪宗早朝宣示，群臣皆贺"陛下圣德所感"，惟文公（韩愈）不贺，上问："群臣皆贺，惟卿不贺，何也？"文公奏："微臣尝看佛书，见佛光非青黄赤白等相，此是神龙卫护之光。"上问公："如何是佛光？"文公无对，因以罪谪出。

元和十四年（819 年） 义中 39 岁

于潮州侍大颠。

韩愈至潮，访大颠，问："弟子军州事繁，佛法省要处，乞师一语。"

义中代答以"先以定动，后以智拔"。

韩愈曰："和尚门风高峻，弟子于侍者边得个入处。"

八月，韩愈迁袁州刺史，临行前，"复造其庐，施衣二袭"，与大颠留为纪念。孟简致书韩愈，言及愈与大颠游事，愈作《与孟尚书书》以答，内称大颠"实能外形骸，以理自胜，不为事物侵乱"，"与之语，虽不尽解，要自胸中无滞碍，以为难得"。

宪宗登勤政楼观都人设僧斋之会。陈雅乐百戏，日入而罢。

元和十五年（820年） 义中40岁

穆宗即位，至安国寺观盂兰盆会。

命盛饰（精心装饰）安国、慈恩、千福、开业、章敬诸寺，纵吐蕃使者观之。

长庆元年（821年） 义中41岁

穆宗亲制《南山律师赞》。

追谥百丈怀海曰"大智禅师"，追谥西堂智藏曰"大觉禅师"。

敕龙兴寺沙门惟英充翰林待诏。

长庆二年（822年） 义中42岁

穆宗遣两街僧录（僧官）迎汾阳（今山西省县级市）无业禅师。无业未行，集众说法后，端坐而逝，敕谥"大达国师"。

无业禅师，俗姓杜，商州（今陕西省商洛市辖区）人，受法于马祖道一。僧众曾欲举其充两街大德（即左右街大功德使），业曰："亲近国王大臣，非予志也。"居晋垂（山西边陲）二十年，并汾之人，悉皆向化。宪宗屡遣使征召，皆辞疾不行。

长庆三年（823年） 义中43岁

穆宗自复道（楼阁间架空的通道）幸兴庆宫，至通化门楼，投绢二百匹施山僧。

十一月，再至通化门观作毗沙门神，因赐绢五百匹。

十二月，赐章敬寺一千贯钱，又赐毗沙门神额曰"毗沙天王"，导以幡幢，帝御望仙门观之，遂举乐杂戏角抵，极欢而罢。

长庆四年（824年） 义中44岁

大颠无疾而逝，年九十三。

徐泗观察使（徐州、泗州地区的二把手，主监察，位次于节度使）王智兴以敬宗（唐敬宗李湛，穆宗长子）生日，请于泗州置戒坛，度僧尼以资福，敬宗许之。自元和以来，敕禁此弊，智兴欲聚货（敛财），首请置之，于是四方辐辏，江、淮尤甚，智兴家赀由此累钜万。浙西观察使李德裕上言："若不钤制（约束），至降诞日方停，计两浙、福建当失六十万。"

奏至，即日罢之。

宝历元年（825 年）　义中 45 岁

到漳州。

宝历二年（826 年）　义中 46 岁

敬宗至兴福寺观沙门文叙俗讲（以通俗易懂的方式向大众传播佛教教义）。文叙，蜀郡人，曾为内供奉大德，能讲说，善吟经。其声宛畅，闻者动容，每开讲，闾巷为空，信施山积。后以罪驱还蜀中。京人思之，乐工状其声谱而歌之，曰"文叙子"。

太和元年（827年） 义中47岁

文宗（唐文宗李昂，穆宗次子）诞日，召秘书监白居易、安国寺沙门义林、上清宫道士杨弘元于麟德殿谈论三教。白居易言："儒门释教虽名数则有异同，约义立宗，彼此亦无差别，所谓同出而异名，殊途而同归者也。"

赐沙门善信所居为幽济院。善信学于马祖。是年忽示众曰："种种供养，不若以身供养。"乃以利刃断左右足而入涅槃。自是诸郡多往祈祷。

赐马祖道一塔名"圆证之塔"。

太和二年（828年） 义中48岁

江西观察使沈传师请于洪州建方等（方正平等）戒坛，以圣诞度僧，制（帝王的命令）云："此因国事暂免度僧，敕令已下而传师违禁（申请），罚俸一月以示不允。"

赐宗密紫方袍为大德。宗密，俗姓何，果州（今四川省南充市）人。家本豪盛，少通儒书。元和二年出家，多著述，有《华严原人论》《圆觉经大疏钞》《禅源诸诠集都序》等。

药山惟俨禅师寂。惟俨，俗姓寒，初与大颠同事惠照禅师，后又一同受法于石头。既寂，文宗谥"弘道大师"。

太和四年（830年） 义中50岁

祠部（即主管宗教的祠部司，礼部四司之一）请令天下僧尼非正度者，许具名申请给牒，时入申者七十万人。

太和五年（831年） 义中51岁

文宗敕天下州郡造僧尼籍。

太和七年（833年） 义中53岁

文宗诞日，僧徒道士讲论于麟德殿。翌日，上谓宰臣："诞日设斋，起自近代，朕缘（因为）相承已久，未可便革，虽置斋会，唯对王源中（礼部尚书）等暂入殿，僧道讲论都不临听。"宰相路随等奏，亦谓诞日斋会本非中国教法。

太和九年（835年） 义中55岁

翰林学士李训奏僧尼猥多，耗蠹公私，请罢长生殿内道场，沙汰僧尼。文宗诏所在（居其位者）试僧尼。诵经不中格者，皆勒归俗；禁置寺及私度人。

郑注（工部尚书）欲收僧尼之誉，固请罢沙汰，从之。

李训以谋诛宦官事败，奔终南山投宗密禅师。宗密欲剃其发而匿之，其徒不可，训乃被捕杀（甘露事变）。仇士良（太监）遣人捕宗密入左军，面数其不告之罪，将害之。宗密曰："贫道识训年深，亦知其反叛，然本师教法，遇苦即救，不爱身命，死固甘心。"中尉鱼恒志嘉之，奏释其罪。

李训既诛，又诏免僧尼试经。

敕增忌辰设斋人数，五月忌日各加二十人，十二月忌日五所寺观共设四千人。

开成元年（836 年）　义中 56 岁

文宗尝谓近臣曰："天下有无补教化而蠹食于国者，卿等可悉言之。"有对者曰："祖宗以来，广行佛教，淄徒益多，兹为蠹物耳。"乃命中外罢缁徒讲说佛经。

诏天下寺院皆立观音像。

沙门端甫卒，赐谥曰"大达"。端甫，俗姓赵，《宋高僧传》称其"经律论"（"经"泛指佛陀所讲的道理，"律"泛指佛陀为弟子建立的规范，"论"泛指后世学者通过学习"经"和"律"写出的阐述佛法的著作。三者合称"三藏"，对其研究精深的法师被尊称为"三藏法师"）无敌于当时，德宗征之，常出入禁中，与儒道议论，赐紫方袍。顺宗亲之若昆弟，相与卧起，恩礼特隆。宪宗数幸其寺，待之若宾友。端甫掌内殿法仪，录左街僧事凡十年。

开成二年（837 年）　义中 57 岁

文宗以彗星现，命京师诸佛寺开《仁王经》道场。

开成三年（838年）　义中58岁

华严宗清凉国师澄观寂，文宗辍朝三日，重臣缟素，敕葬终南山石室，宰相裴休撰碑。

日僧圆仁等随遣唐使藤原常嗣入唐求法。

圆仁著有《入唐求法巡礼行记》四卷，记载唐代政治、经济、宗教、文化情况，乃珍贵文献。

开成四年（839年）　义中59岁

中书（中书省）奏诞节令宰臣百僚诣（前往）寺，设千僧斋，诏许之。时各僧俱会，士民纵观。

户部侍郎崔蠡奏请除（废止）国忌在寺观行香，诏从之。

开成五年（840年）　义中60岁

武宗即位。敕于宣阳坊新造一寺，城中诸寺简择五十余僧配入此寺。

会昌元年（841年）　义中61岁

武宗命国忌日于荐福寺行香，请一千僧。

敕于左、右街七寺开俗讲。

令章敬寺镜霜法师于诸寺传净土宗（中国佛教宗派，始于东晋慧远，修行法门是念佛）。

敕大庄严寺、荐福寺、兴福寺、崇福寺等开佛牙供养。设无碍茶饭，十方僧俗尽来吃。诸寺赴集，各设珍供，百种药食，珍妙果花，众香严备，敷设不可胜计。举城来礼拜供养，向佛牙楼散钱如雨。

武宗降诞日，设内斋，集两街供养大德及道士谈经论议，道士锡紫（得赐紫服），释门大德不得着（穿着）。

复敕两街诸寺开俗讲。

宗密归寂，宰相裴休为撰碑铭，云："师之道也，以知见为妙门，寂净为正味，慈忍为甲盾，慧断为剑矛。破内魔之高垒，陷外贼之坚阵，镇抚邪杂，解释缧笼。遇穷子则叱而使归其家，见贫女则呵而使照其室。穷子不归，贫女不富，吾师耻之。二乘不兴，四分不振，吾师耻之。忠孝不并化，荷担不胜任，吾师耻之。避名滞相，匿我增慢，吾师耻之。故遑遑于济拔，汲汲于开诱，不以一行自高，不以一德自耸。人有依归者，不俟请则往矣；有求益者，不俟愤则启矣。虽童幼不简于应接，虽傲狠不怠于叩励。其以阐教度生，助国家之化也如此。"

会昌二年（842年） 义中62岁

武宗诞日，命中书门下准例于慈恩寺设斋行香，别赐钱三百贯以备素食合宴，并令京兆府量事陈设，不用追集坊市歌舞。又设内斋，使两街大德对道士，御前议论。道士二人得紫（穿紫服），僧门不得紫。

因宰相奏僧尼条流（条陈），武宗敕下发遣保外无名僧，不许置童子、沙弥。

敕开俗讲，两街各五座。

勘问外国僧艺业。

停内供奉大德，两街各二十员。

十月，诏："天下所有僧尼解烧炼、咒术、禁气、背军、身上杖痕、鸟文、杂工巧，曾犯淫养妻，不修戒行（恪守佛门戒律）者，并勒还俗。若僧尼有钱物及谷斗、田地、庄园，收纳官。如惜钱财，情愿还俗去，亦任勒还俗，充入两税徭役。"左右街功德使帖（下文件给）诸寺，勘隶僧尼财物。除年已衰老及戒行精确外，爱惜资财，自还俗僧尼左街一千二百三十二人，右街二千二百五十九人。诸道同此处分。所蓄奴婢，僧许留奴一人，尼许留婢二人，余各任本家收管。如无家者，官为货卖。僧尼所留奴婢，如有武艺，及解诸药诸术等，并不得留，不得削发私度。

会昌三年（843 年）　义中 63 岁

武宗欲芟夷（铲除）释氏，诏令两街述有佛以来，兴废之际有何征应（应验），法宝大师玄畅撰《三宝五运图》以上。玄畅，字申之，俗姓陈。武宗欲废佛教，京城法侣彷徨，两街僧录推畅为首，上表论谏，畅著《历代帝王录》上奏，不听。及宣宗即位，赐紫袈裟，充内外临坛大德。懿宗时，署为上座。讲律六十座，度法者数千人。

功德使牒云：僧尼已还俗者，不得入寺；云游僧侣，不得入京。

勘问外国僧来由。

武宗诞日，设内斋，两街大德及道士御前议论。每街停止十二员大德，功德使帖巡院（隶属于御史台的监察部门），令简择大德，每街各七人，依旧例入内。大德对道士论议，依然只有道士赐紫。

太子詹事韦宗卿撰《涅槃经疏》《大圆伊字镜略》以进，武宗览已，焚烧经疏，且毁其稿。敕文中有"佛本西戎之人，教张不生之说；孔乃中土之圣，经闻利益之言。而韦宗卿素儒士林，衣冠望族，不能敷扬孔墨，翻乃溺信浮屠，妄撰胡书，辄有轻进"等语。

敕焚宫内佛经，埋佛、菩萨、天王像等。

昭义节度使刘从谏叛，有人告（举报）其驻京代表置孙已剃头，于城僧中隐藏。乃令两街功德使疏理城中等僧，公案（官府档案）无名者，尽勒还俗，递归本贯（原籍）。诸道州府亦同斯例。近住寺僧，不委来由者尽捉。

会昌四年（844年）　义中64岁

中书奏定断屠日（停止执行死刑的日子），敕曰：

"斋月断屠，出于释氏，国家创业，犹近梁隋，卿相大臣，或沿兹弊。鼓刀者即获厚利，纠察者潜受请求。正月以万物生植之初，宜断三日。列圣忌断一日，仍准开元二十二年敕，三元日（元宵节、中元节和农历十月十五）各断三日，余月不禁。"

敕不许供养佛牙，又敕云："代州五台山，及泗州普光王寺、终南山五台、凤翔府法门寺，寺中有佛指节也，并不许置供及巡礼等。如有人送一钱者，脊杖二十。如有僧尼等，在前件处受一钱者，脊杖二十。诸道州县应有送供人者，当处投获，脊杖二十。"因此四处灵境（有寺之山），绝人往来，无人送供。还准勘责彼处僧人，无公验（官府开具的证件）者，并当处打杀，具姓名闻奏。

于长生殿内道场焚烧经教，毁拆佛像，起出僧众。安置天尊老君之像，令道士转道经，修炼道术。皇帝诞日，往年请大德及道士入内论议，今年只请道士，不请僧。

不许僧尼街里行犯钟声。若有外出，须于诸寺钟声未动前归。又不许别寺宿。若有僧尼街里行犯钟声，及向别寺宿经一夜者，科"违敕罪"。

　　城中诸寺七月十五日供养，诸寺作花蜡花饼、假花果树等，各竞奇妙。常例，皆于佛殿前铺设供养，倾城巡寺随喜，甚是盛会。今则敕令诸佛殿供养花药等，尽搬至兴唐观祭天尊，武宗亲自前往观看。

　　令毁拆天下山房兰若、普通佛堂、义井村邑斋堂等，未满二百间不入寺额者，其僧尼等尽勒还俗，充入色役。长安城里坊内佛堂三百余所，佛像、经楼等并除尽。诸道天下佛堂院等，不知其数。天下尊胜石幢、僧墓塔等，亦皆令毁拆。

　　十月，令毁拆天下小寺，经佛搬入大寺，钟送道观。被拆寺僧尼不依戒行者，不论老少尽勒还俗，递归本贯充入色役（有名目的徭役）。年老身有戒行者配大寺。虽有戒行而年少者尽令还俗归本贯。长安城中因此又毁拆卅三处小寺。

会昌五年（845年）　义中65岁

　　避反佛，入三平深岩。

　　道士赵归真请与释氏辩论，乃诏沙门知玄，于麟德殿辩"神仙为可学与不可学"。知玄大陈神仙之术乃山林匹夫之事，非王者所宜。

赵归真荐引邓元起，称其有长年之术，上乃遣中使迎之。

三月，敕天下寺舍不许置庄园，又令勘检天下寺舍奴婢多少兼钱物、斛斗、疋段（丝织品），一一诣实具录，令闻奏。城中诸寺，仰两军中尉勘检。诸州府寺舍，委中书门下检勘。城中寺舍奴婢分三等：收身有艺业者军里，收无业少壮者货卖，老弱者填宫。功德使帖诸寺：奴婢五人为一保，保中走失一人者，罚二千贯钱。诸寺钱物，兼货卖奴婢赎钱，并皆官收，拟充百僚禄科。

功德使条流僧尼还俗之事，商议次第，且卅以下还俗，次令五十以下还俗，次令五十以上、无祠部牒（度牒）者还俗。第三番令祠部牒磨勘（检查度牒），差殊（差错）者还俗。最后有祠部牒不差谬者，尽令还俗。外国僧未入条流之例，功德使别闻奏取裁。有敕云："外国等，若无祠部牒者，亦勒还俗，递归本国。"天竺沙门难陀、宝月，日僧圆仁及一些新罗僧均在还俗列。

七月令并省天下佛寺，中书门下奏上州留寺一所，下州并废，上都东都留十寺，寺僧十人。乃命上都、东都每街留寺两所，寺留僧三十人。

敕天下还俗僧尼缁服，各仰本州县尽收焚烧。如焚烧以后，有僧尼将缁服不通出，巡检之时，有此色者，准勒处死。又敕天下寺舍，奇异宝佩，珠玉金银，仰本州县收检进上。

中书请令天下废寺铜像钟磬，委盐铁使铸钱，铁像委本州铸为农器，金、银、铜等像付度支。衣冠士庶之家，所有金、银、铜、铁之像皆纳官，违者委盐铁使依《禁铜法》处分。土木石等像留寺内依旧。僧尼改隶鸿胪寺（主管民族事务和凶丧之仪的中央机关）收管。

武宗下诏，谓"两京城阙，僧徒日广，佛寺日崇，劳人力于土木之功，夺人利为金宝之饰"，谓"今天下僧尼不可胜数，皆待农而食，待蚕而衣。寺宇招提，莫知纪极（穷尽），皆云缋藻饰，潜拟宫居。晋宋齐梁，物力凋残，风俗浇诈，莫不由是而致也"，谓"贞观开元，亦尝厘革，划除（废除）不尽，流衍转滋。朕博览前言，旁求舆议，弊之，可革，断在不疑"。

八月，凡天下所毁寺四千六百余所，归俗僧尼二十六万五百人，毁招提、兰若四万余所，收良田数千万顷，奴婢十五万人。

宰相李德裕上表称贺，其《贺废毁诸寺表》中有"耗蠹生灵，浸灭正税，国家大蠹，千有余年"之说。

五台僧多亡归幽州（今北京）。李德裕召进奏官谓五台僧为将必不如幽州将，为卒必不如幽州卒，招纳无益。节度使张仲武乃命关吏：有游僧入境即斩之。主客郎中（礼部四司之一主客司的一把手）韦博以为沙汰之法，不宜太过，李德裕恶之，贬为八品散官。

僧尼还俗后，悲田坊（贫民救济机构）无人主管，李德裕奏请改为养病坊，"其两京及诸州，各于子（它们）录事耆年（衙门里的年迈小吏）中，拣一人有名行谨信为乡间所称者，专令勾当"。两京给寺田十顷，大州七顷，其他量贫病多少，给田五顷或二三顷，以充粥饭。

会昌六年（846年）　义中66岁

宣宗即位，杖杀道士赵归真等数人，流轩辕集（同邓元起齐名的"仙人"）于岭南。

五月大赦，敕天下每州造两寺，节度府（节度使官衙所在城，类似省会）许造三所寺，每寺置五十僧。去年还俗者，僧年五十以上，则许依旧出家。其中，年登八十者，国家赐五贯文。

上京两街先听留两寺外，更各增置八寺。僧尼依前隶功德使，所度僧尼仍令祠部给牒。

大中元年（847 年）　义中 67 岁

宣宗御紫宸殿谓宰臣曰："佛虽异方之教，深助理本，所可存而勿论，不欲过毁，以伤令德。"

乃遣下诏，有会昌中灵山古迹招提弃废之地，并令复之，委长吏（地位较高的地方官）择僧之高行者居焉。

敕复置内斋，许僧道献寿。

统左禁军杨汉公以策定功请复佛教，访求知玄法师。于是知玄入居宝应寺，赐紫袈裟，署为三教首座。宣宗又以旧藩邸造法乾寺，令知玄居之。

大中二年（848 年）　义中 68 岁

宣宗命荆、扬、汴、益诸州建寺，立方等坛为僧尼再度者重受戒法，五台山建五寺，度僧五十人。

宣州刺史裴休言天下寺观多为官僚寄居蹂践，今后不得在寺居止，违者重罚，上从之。

大中三年（849年） 义中69岁

宣宗诞节，诏谏议李贻孙、给事杨汉公、沙门知玄同道士于麟德殿论议。

诏沙门定兰入内供养，优礼奉之。定兰，俗姓杨，成都人。本业屠（屠夫），后出家。刺血写经，后则炼臂，至于拔耳剜目，饲养鸷鸟猛兽等，以为修炼。后自焚亡。

大中四年（850年） 义中70岁

宣宗追谥齐安禅师，作诗追悼。齐安，俗姓李，依云琮禅师落发受具，闻马祖道一行化于南康，遂前往从学，深得其器重，为法嗣弟子。后主盐官（今浙江县级市海宁下辖镇）海昌院。先是，宣宗为武宗所忌，被沉之于宫厕，幸得宦者潜施拯护，髡发为僧，逸而周游天下，至海昌院，齐安令于高位安置，礼殊他等。会昌二年，齐安示灭。宣宗闻之，怆悼久之，遂有上赐。

降诞节（宣宗生日），内殿诸大德及他僧多赐紫。

大中五年（851 年）　义中 71 岁

宣宗召荐福寺弘辩禅师入内问法，并及禅宗南北顿渐之别，对七刻（105 分钟）方罢，赐紫方袍，号圆智禅师。弘辩，百岩怀晖法嗣。

敕京城及外州府国忌行香如旧。

赐沙州巡礼僧悟真紫衣。

敕京畿及郡县士庶要建寺宇，村邑勿禁，兼许度僧尼住持营造。后宰臣奏虑士庶等物力不逮，扰人生事，望令两畿及州府长吏，审度事宜，不必广为建造，驱役黎甿。其所请度僧尼，亦须选有道行而为州县所称信者，不得容隐凶恶之流。望委长吏，精加拣择，其村邑佛堂，望且待兵罢建置为便。

进士孙樵上书言："百姓男耕女织，不自温饱，而群僧安坐华屋，美衣精馔，率以十户不能养一僧。武宗愤其然，发十七万僧，是天下一百七十万户始得苏息也。陛下即位以来，修复废寺，天下斧斤之声至今不绝，度僧几复其旧矣。陛下纵不能如武宗除积弊，奈何兴之于已废乎！"

书末，孙樵呼吁："愿早降明诏，僧未复者勿复，寺未修者勿修，庶几百姓犹得以息肩也。"

宣宗不纳。

大中六年（852 年）　义中 72 岁

中书门下奏："度僧不精，则戒法堕坏；造寺无节，则损费过多。请自今诸州准元敕（原先诏令）许置寺外，有胜地灵迹许修复，繁会之县许置一院，严禁私度僧尼；若官度僧尼有缺，则择人补之，仍申祠部给牒。其欲远游寻师者，须有本州公验。"从之。

因宰相裴休请，赐沙门神智院额曰"大中圣寿"。神智，义乌人，俗姓力。少年出家。据《宋高僧传》载，裴休之女"为鬼神所被"，"智持咒，七日平复"，故有上请。

大中七年（853年） 义中73岁

宣宗至庄严寺礼佛牙，宣问耆年，赐紫衣。

沩山灵祐禅师寂。灵祐，俗姓赵，冠年剃发，三年具戒。受法于百丈怀海，后居沩山（位于今长沙市），与其入室弟子仰山慧寂合立"沩仰宗"。

大中八年（854年） 义中74岁

宣宗命三教首座辩章充左街僧录，沙门僧彻充右街僧录。

大中十年（856年） 义中76岁

宣宗命每岁度僧依本教于"戒定慧"三学中，择有道性通法门者度之，此外杂艺一切禁止。

敕于灵感、会善二寺置戒坛，僧尼应填缺者委长老僧选择，给公凭，赴两坛受戒，两京各选大德十人主其事。有不堪者罢之，堪者给牒。遣归本州。不见戒坛公牒，毋得私容。仍先选旧僧尼，旧僧尼无堪者，乃选外人。

大中十二年（858 年）　义中 78 岁

宣宗命天下诸寺修治祖师塔。

大中十三年（859 年）　义中 79 岁

宣宗服道士丹，疽发于背而卒。

咸通元年（860 年）　义中 80 岁

懿宗（唐懿宗李漼，宣宗长子）命于咸泰殿筑坛，供宫内福寿寺尼受大戒（指接受十大根本戒条，正式取得比丘、比丘尼资格），两街僧尼大德二十八人入内。

咸通三年（862 年）　义中 82 岁

懿宗奉佛太过，息于政事，于禁中设讲席自唱经，手录梵夹（佛书）；又数幸诸寺，施与无度。吏部侍郎萧倣上疏，曰："佛者，生于天竺，去彼王宫，割爱中之至难（割舍尘世之中最难割舍的亲情至爱），取灭后之殊胜（追求灭绝后代这种匪夷所思的境界），名归象外，理绝尘中，非为帝王之所能慕也。"

懿宗虽嘉奖，竟不能从。

咸通四年（863年） 义中 83 岁

漳州押衙（掌全州仪仗侍卫）王翿建咸通塔于开元寺，上列义中等姓名。

西凉僧法信禀节度使张义潮，进沙门乘恩所撰之《百法论疏》并《钞》，上乃令两街三学大德等详定行世。乘恩，乐人为学，不忘讲导。天宝末，避地姑臧（位于今甘肃省武威市），撰《百法论疏》并《钞》，行于西土。

咸通五年（864年） 义中 84 岁

谏议大夫裴坦上疏，论天下征兵，财赋方匮，不宜过兴佛寺以困国力。

咸通六年（865年）　义中85岁

懿宗溺于释教，颇异前朝，遇入斋日必于禁中饭僧，数以万计，并亲为赞呗（诵经）。尚书右丞李蔚复上书极谏，引狄仁杰、姚崇、辛替否等谏武后、中宗、睿宗之言为诫。

赐西凉僧法信紫衣，令充本道大德。

德山宣鉴禅师归寂。宣鉴，俗姓周，精究律藏，常讲《金刚经》，时人谓之"周金刚"。后参南禅，受法于石头的再传弟子崇信禅师。居德山（位于今湖南省常德市），学徒常有半千，雪峰义存亦出自其门下。

德山宣鉴常谓："这里无祖无佛，达摩是老臊胡，释迦老子是干屎橛，文殊普贤是担屎汉。等觉妙觉是破执凡夫，菩提涅槃是系驴橛，十二分教是鬼神簿、拭疮疣纸。"

由于其称"道得也三十棒，道不得也三十棒"，故世有"德山棒"之说（"棒喝"的来源）。

咸通七年（866 年） 义中 86 岁

临济义玄禅师卒。义玄，俗姓邢，受法于百丈怀海之法嗣黄檗希运，常言者三，一曰"无佛无众生，无古无今。得者便得，不历时节。无修无证，无得无失"。二曰"真正学道人，念念心不间断。自达摩大师西上来，只是觅个不受惑的人"。三曰"佛法无用功处，只是平常无事，屙屎送尿，着衣吃饭，困来即卧。"

咸通十年（869 年） 义中 89 岁

洞山良价禅师寂。良价，俗姓俞，受法于药山惟俨之法嗣云岩昙晟。大中末于新丰山大行禅法，后盛化豫章高安洞山。谓"种种驰求，觅佛觅祖，乃至菩提涅槃，几时休歇"，"不如犁牛白牯兀兀无知，不知佛，不知祖，乃至菩提涅槃，善恶因果，但饥来吃草，渴来饮水"。

与入室弟子曹山本寂共创"曹洞宗"。

咸通十一年（870 年）　义中 90 岁

懿宗诞日，召京城僧道赴内讲论。僧彻恢张佛理，旁涉黄冠（道家思想），赐号净光大师。僧彻，知玄弟子，内外兼学，辞笔特高。曾充左右街应制，每逢圣诞，升麟德殿法座讲论，敕赐紫袈裟。懿宗时录两街僧事。

赐左街僧录云颢"三慧大师"、可孚"法智大师"、重谦"青莲大师"。

赐雪峰义存"真觉大师"。义存，俗姓曾，年幼出家，巡名山，扣诸禅宗，受法于德山宣鉴。后居福州雪峰，四方僧徒争趋法席，冬夏不减一千五百。门人中有云门文偃，立"云门宗"。又有玄沙师备，传法地藏桂琛，桂琛再传清凉文益，立"法眼宗"。

咸通十二年（871 年）　义中 91 岁

懿宗至安国寺，赐重谦、澈沈檀讲座二，各高二丈，设万人斋。

咸通十三年（872 年） 义中 92 岁

王讽贬谪漳州，至止二日，即访义中。十一月六日，义中宴坐示灭，王讽为撰《碑铭》。

附录四

禅宗传承

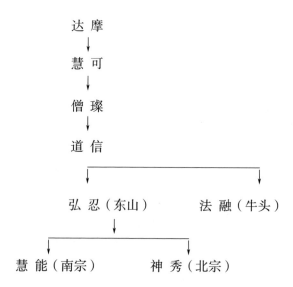

达 摩
↓
慧 可
↓
僧 璨
↓
道 信
↓
弘 忍（东山）　　　　法 融（牛头）
↓
慧 能（南宗）　　　　神 秀（北宗）

南宗传承

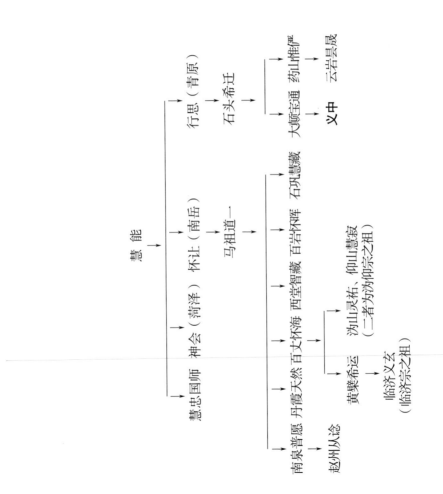

附录五

禅林泰斗

达摩　南北朝

禅宗初祖（东土），南天竺之刹帝利种也。父王曰"香至"，摩为其第三子，本名菩提多罗。后遇二十七祖般若多罗，嗣法，改多罗曰"达摩"。梁普通元年泛海至广州，帝迎之到建业，问曰："朕即位以来，造寺写经，有何功德？"摩曰："无功德。"帝曰："云何真功德？"摩曰："净智妙圆，体自空寂，如是功德不可以世求。"帝曰："如何是圣谛第一义？"摩曰："廓然无圣。"帝曰："对朕者谁？"摩曰："不识。"帝不悟。遂渡江之魏，止嵩山少林寺，终日壁观，人称"壁观婆罗门"。孝明帝闻之，三召不起。后得慧可，付法并衣。付法偈曰："吾本来兹土，传法救迷情。一花开五叶，结果自然成。"又曰："此有《楞伽经》四卷，为如来极谈法要，今并付汝。"梁大通二年寂，葬熊耳山，梁武帝制碑赞德，唐代宗谥曰"圆觉大师"。

慧可 南北朝

俗姓姬，早年精于儒道，通老庄易学。为求无上大法，立雪断臂，师事达摩。周武宗灭佛时，力挽狂澜，护送经典佛像。后隐司空山，寂于隋文帝开皇十三年，世寿百〇七岁。

僧璨 南北朝

禅宗三祖（东土），得法于慧可，隐于舒州（今安徽县级市潜山）。后遇周武帝灭佛，只好往来于司空山。隋开皇十二年得沙弥道信付法，大业二年寂，唐玄宗追谥为"鉴智禅师"。

道信　隋

俗姓司马，蕲州（位于今黄冈市）人，幼慕空门而出家，开皇十二年参谒僧璨，言下大悟，奉侍九年，得其衣钵。唐武德七年，归蕲州，住破头山三十余年，传法于弘忍。

弘忍　唐

俗姓周，七岁时从道信出家。年十三，正式剃度为僧，日间从事劳动，夜间静坐习禅。永徽三年，道信圆寂，弘忍继承法席。咸亨五年，弘忍示寂，世寿七十四，传灯法本为《最上乘论》。

慧能　唐

俗姓卢，生于贞观十二年。三岁丧父，与母相依为命，砍柴为生。因闻客读《金刚经》有所悟，前往黄梅礼五祖弘忍为师。别过弘忍后，慧能于曹溪广演

顿悟禅，于先天元年示寂。弟子法海记录其教法而成
《六祖坛经》，流传于世。

慧忠国师 唐

受六祖之心印，居南阳白崖山党子谷，四十余年
不下山。唐肃宗闻其道行，敕中使孙朝进召赴京，待
以师礼，使居千福寺之西禅院。大历十年寂，谥"大
证禅师"。

南岳怀让 唐

俗姓杜，金州（今陕西省安康县）人，十岁便只
读佛书，十五岁时辞家，依荆州玉泉寺弘景律师出家。
受戒后，志慕禅宗，先参嵩山慧安，继参曹溪。因慧
能问"什么物，怎么来"，不能作答，为究八年。忽
有省悟，谒慧能，谈体会，得其赞许，于是随侍曹溪
十二年。慧能示寂后，至南岳（衡山），住般若寺，
广收法徒，大力弘扬顿悟法门。

青原行思　唐

　　俗姓刘，庐陵（今江西省吉安县）人。少年出家，二十四岁慕名前往岭南，拜慧能为师，亲炙十五年，后住青原山静居寺，四方禅客云集。

　　慧能之学说，正是通过青原行思和南岳怀让，开出了"五叶流芳"的兴盛局面——南岳怀让系衍化出沩仰宗与临济宗，青原行思系衍化出曹洞宗、云门宗、法眼宗。

马祖道一　唐

　　南岳怀让之法嗣，姓马，元和中谥"大寂"。《传灯录》称，六祖慧能谓让曰："向后佛法从汝边出，马驹蹋杀天下人。"厥后江西法嗣布于天下，时号"马祖"。

石头希迁　唐

　　少时投慧能门下，后往庐陵青原山之净居寺，师事行思。行思入灭后赴衡山，于南台寺东之石台结庵而居。同马祖齐名，禅风偏静，难以捉摸，令当时之学人望而生畏。

百丈怀海　唐

百丈山大智禅师怀海，马祖之法嗣也，创禅门规式"百丈清规"。

丹霞天然　唐

邓州丹霞山之天然禅师，初在石头门下随众干杂役，凡三年。一日彻悟，石头有所感应，告众曰："来日铲佛殿前草。"翌日，众人皆备锹锄而来，唯丹霞以盆水洗头，跪于石头膝前。石头笑而为之剃落说戒，丹霞竟掩耳而出，一去不返。再谒马祖（三年前马祖荐之于石头），入僧堂，坐于佛像之颈。马祖曰："我子天然也。"（丹霞）即拜马祖，谢师之赐法号。长庆四年寂，寿八十六，谥"智神禅师"。

南泉普愿　唐

池州（今安徽地级市）南泉山普愿禅师，初习律，后入马祖之门，顿忘筌蹄（窠臼），心地悟明。贞元十一年留锡池州，不下南泉（山）者三十余年。太和初，宣歙观察使陆亘请师下山，伸弟子礼，令说法要。太和八年寂，寿八十七。

百岩怀晖　唐

京兆府章敬寺百岩怀晖禅师，泉州人，俗姓谢，元和十三年寂。

西堂智藏　唐

俗姓廖，虔化（今江西省宁都县）人，追随马祖时间最长之弟子，在其过世后接班，领导僧团。新罗（朝鲜半岛政权）僧人道义入唐后至智藏门下听法，回国后传播南禅，成为朝鲜禅宗开山者。

大颠宝通 唐

原名陈宝通，开元二十年生于潮州，幼年好学聪慧，喜居山林。石头希迁法嗣，清初长篇小说《后西游记》以其为主人公。

药山惟俨 唐

惟俨禅师，嗣石头希迁，住沣洲（今湖南省澧县）之药山。太和二年寂，寿八十四。

附录六

唐代帝王列表

登基、去位时间	庙号、姓名、在位时间	简　介
公元 618 年登基 公元 626 年去位	高祖（李渊） 出生：公元 566 年 去世：公元 635 年 （在位 9 年）	生于长安，母为隋文帝独孤皇后之姐。渊累任州刺史，炀帝时，被召为殿前少监、卫尉少卿。征高丽之役，任督运于怀远镇（今辽阳西北）。大业十一年（615 年）任山西河东抚尉大使，两年后出任太原留守。隋末农民起义时，李密率瓦岗军与洛阳王世充对峙，李渊乘机进取关中。十一月攻克长安，建立唐朝。李渊是一个酒色之徒，并无雄才大略。退位后死于 635 年，时年 70 岁。
公元 627 年登基 公元 649 年去位	太宗（李世民） 出生：公元 598 年 去世：公元 649 年 （在位 23 年）	中国历史上少有的既能打天下又能治天下的明君。在唐朝统一全国的大大小小的战争中，他是起决定性作用的军队统帅，即位后又通过一系列的改革措施实现著名的"贞观之治"。

续表

登基、去位时间	庙号、姓名、在位时间	简　介
公元 650 年登基 公元 683 年去位	高宗（李治）出生：公元 628 年 去世：公元 683 年（在位 34 年）	李世民第九子，政治上无所作为，后期被武则天把持朝政。683 年病死，时年 56 岁。
公元 690 年登基 公元 705 年去位	则天皇帝（武则天）出生：公元 624 年 去世：公元 705 年（在位 16 年）	于 655 年被高宗立为皇后，开始参与朝政。690 年自立为帝，国号"周"。虽称帝只有十几年，实际统治却达五十多年。武则天知人善任，量才器使，当政期间社会高速发展，国库充盈。705 年，她让位于李显，同年病死，时年 82 岁。
公元 705 年登基 公元 710 年去位	中宗（李显）出生：公元 656 年 去世：公元 710 年（在位 6 年）	高宗第六子，于李治死后即位，然仅两个月即被武后所废。705 年，武后让位于李显，无所作为，被皇后韦氏毒死，时年 55 岁。
公元 710 年登基 公元 712 年去位	睿宗（李旦）出生：公元 662 年 去世：公元 716 年（在位 3 年）	高宗第八子，684 年被武后立为帝，690 年被废。710 年其子李隆基剿灭韦后（彼时龙椅上坐着的是由韦后操控的傀儡皇帝李重茂，年仅 15 岁，乃李显第四子，登基未满一个月，史称"唐殇帝"），拥李旦为帝，712 年让位于李隆基，死于 716 年，时年 55 岁。

续表

登基、去位时间	庙号、姓名、在位时间	简　介
公元 712 年登基 公元 756 年去位	玄宗（李隆基）出生：公元 685 年 去世：公元 761 年（在位 45 年）	睿宗第三子。在位前期，励精图治，乃有百姓安乐，开元盛世。然后期重用李林甫、杨国忠等，致使政治腐败。"安史之乱"险些葬送大唐江山。756 年让位于其子李亨，761 年死，时年 77 岁。
公元 756 年登基 公元 762 年去位	肃宗（李亨）出生：公元 711 年 去世：公元 762 年（在位 7 年）	玄宗第三子，"安史之乱"时被拥立为帝。死于 762 年，时年 52 岁。
公元 762 年登基 公元 779 年去位	代宗（李豫）出生：公元 726 年 去世：公元 779 年（在位 18 年）	肃宗长子，762 年被宦官拥立为帝。平乱守成，中才之主。在平定"安史之乱"时被封为兵马大元帅，在位期间遭到吐蕃进攻，失地逃亡。死于 779 年，时年 54 岁。
公元 779 年登基 公元 805 年去位	德宗（李适）出生：公元 742 年 去世：公元 805 年（在位 27 年）	代宗长子，猜忌刻薄，重用奸佞，为唐朝灭亡埋下祸根。死于 805 年，时年 64 岁。
公元 805 年登基 公元 806 年去位	顺宗（李诵）出生：公元 761 年 去世：公元 806 年（在位 1 年）	德宗长子，在位不到一年。806 年死，时年 46 岁。

续表

登基、去位时间	庙号、姓名、在位时间	简　介
公元 806 年登基 公元 820 年去位	宪宗（李纯） 出生：公元 778 年 去世：公元 820 年 （在位 15 年）	顺宗长子，依靠几位良相在统一战争中取得了一些成就。"安史之乱"以来的藩镇割据局面，在宪宗执政期间基本结束。但他重用宦官，终为宦官所杀，享年 43 岁。
公元 821 年登基 公元 824 年去位	穆宗（李恒） 出生：公元 795 年 去世：公元 824 年 （在位 4 年）	宪宗第三子，荒淫无道，刚即位就纵情声色。他祈求长生不老，因服药过量而死，时年 30 岁。
公元 824 年登基 公元 826 年去位	敬宗（李湛） 出生：公元 809 年 去世：公元 826 年 （在位 3 年）	穆宗长子，在位期间宦官势力极大。公元 826 年十二月被宦官杀害，时年 18 岁。
公元 826 年登基 公元 840 年去位	文宗（李昂） 出生：公元 809 年 去世：公元 840 年 （在位 15 年）	穆宗次子，当政时沦为宦官傀儡。也曾计划剿灭宦官，但是失败。死于 840 年，时年 32 岁。
公元 841 年登基 公元 846 年去位	武宗（李炎） 出生：公元 814 年 去世：公元 846 年 （在位 6 年）	穆宗第五子。武宗在位时，社会矛盾有所缓解。他信奉道教，打击佛教，终因吃丹药而亡，时年 33 岁。

续表

登基、去位时间	庙号、姓名、在位时间	简　介
公元847年登基 公元859年去位	宣宗（李忱） 出生：公元810年 去世：公元859年 （在位13年）	宪宗第十三子，武宗的叔父。在位期间注重考核官员，民多称颂。他推崇佛教，恢复"武宗灭佛"时被拆毁的寺院。然亦死于丹药中毒，时年50岁。
公元859年登基 公元873年去位	懿宗（李漼） 出生：公元833年 去世：公元873年 （在位15年）	宣宗长子，骄逸残暴，宠信宦官，执政期间社会矛盾尖锐，民不聊生。死于873年，时年41岁。
公元873年登基 公元888年去位	僖宗（李儇） 出生：公元862年 去世：公元888年 （在位16年）	懿宗第五子。在位期间爆发由黄巢领导的农民起义，长安一度失陷。死于888年，时年27岁。
公元889年登基 公元904年去位	昭宗（李晔） 出生：公元867年 去世：公元904年 （在位16年）	懿宗第七子，为朱温（即后梁太祖）所杀，时年38岁。
公元904年登基 公元907年去位	哀帝（李柷） 出生：公元892年 去世：公元908年 （在位4年）	昭宗第九子，907年让位于朱温，次年为其所杀，时年17岁。